No	Date	Pattern Name	Page

No	Date	Pattern Name	Page

No	Date	Pattern Name	Page
No	Date	Pattern Name	Page

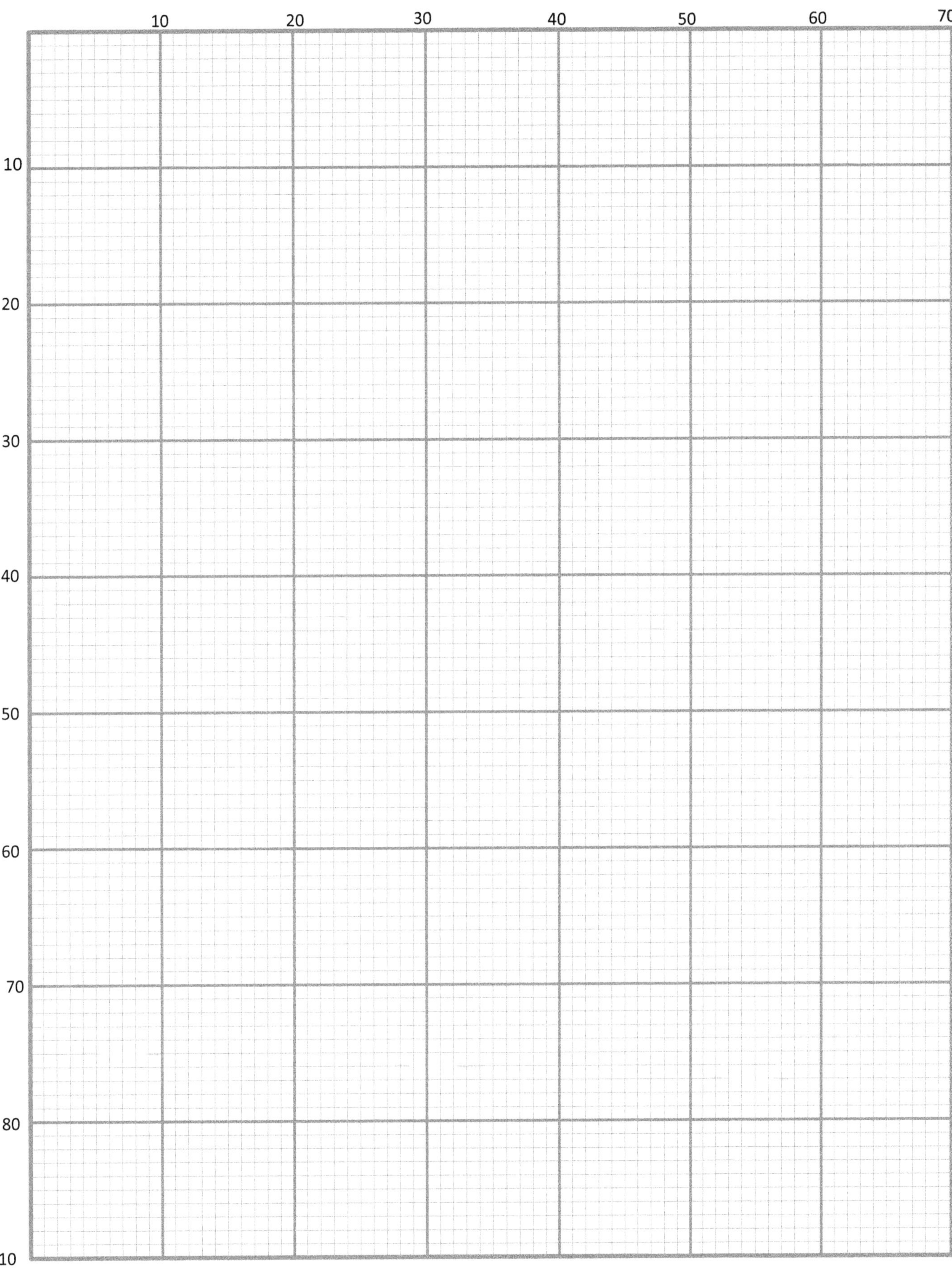

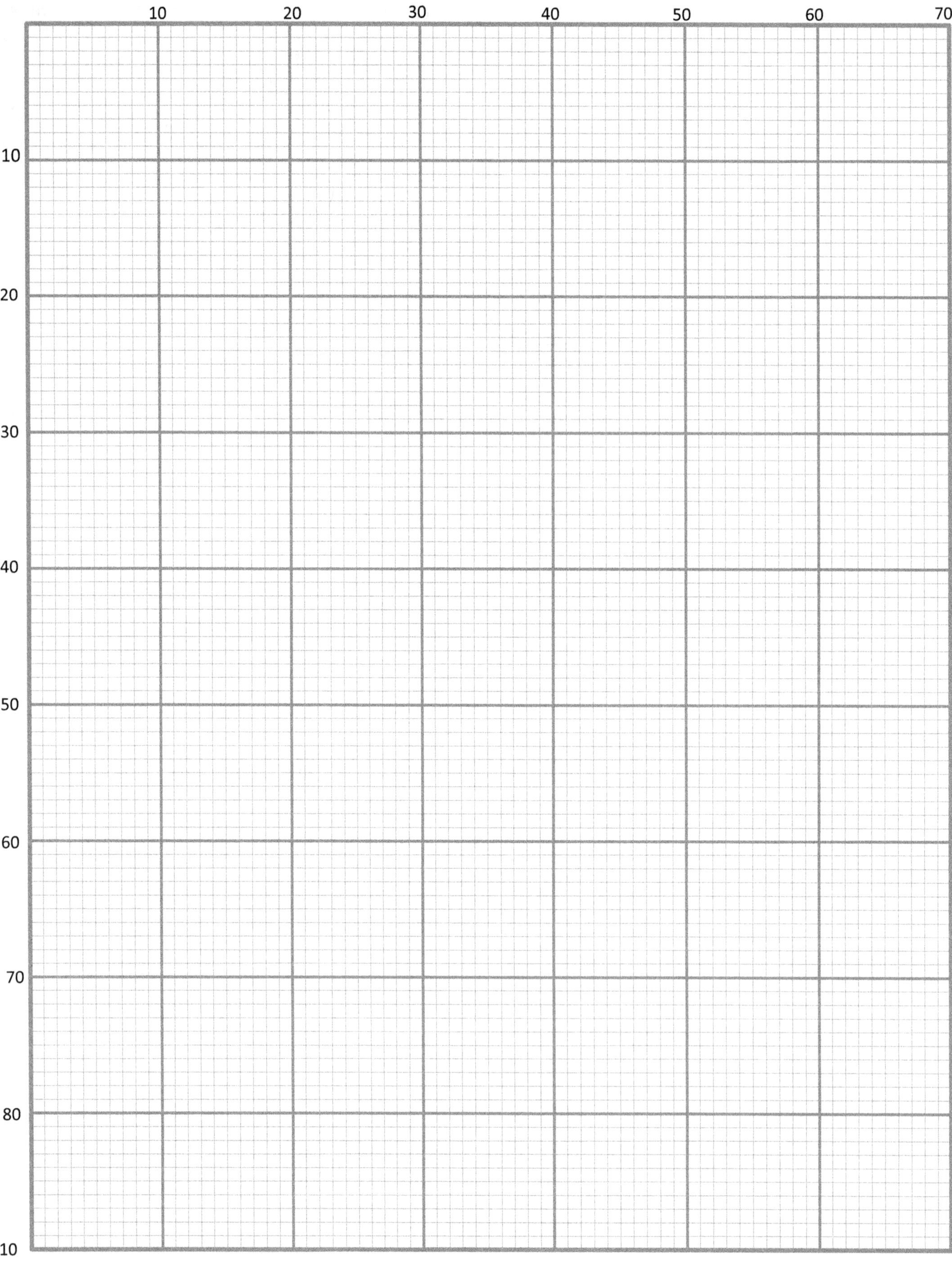

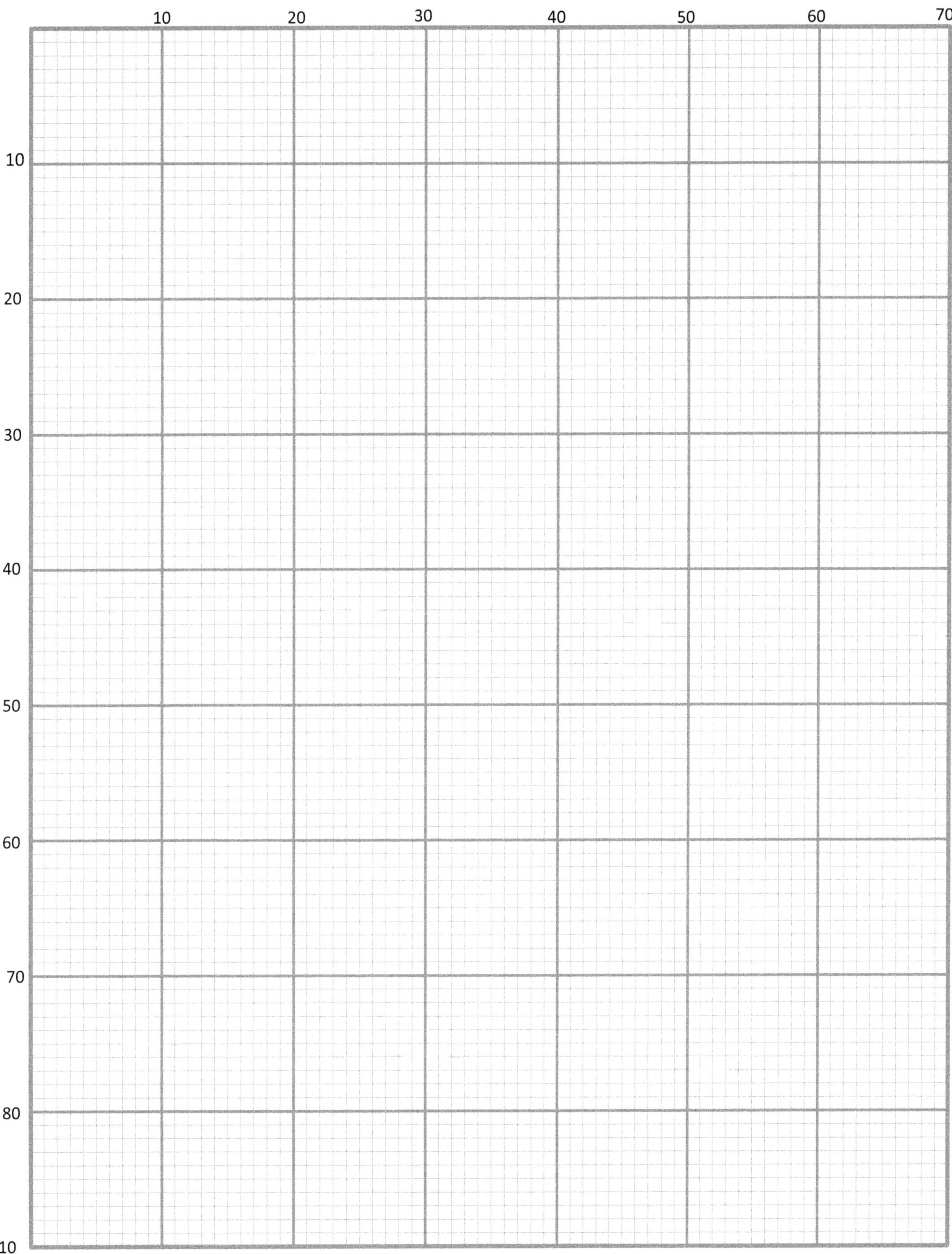

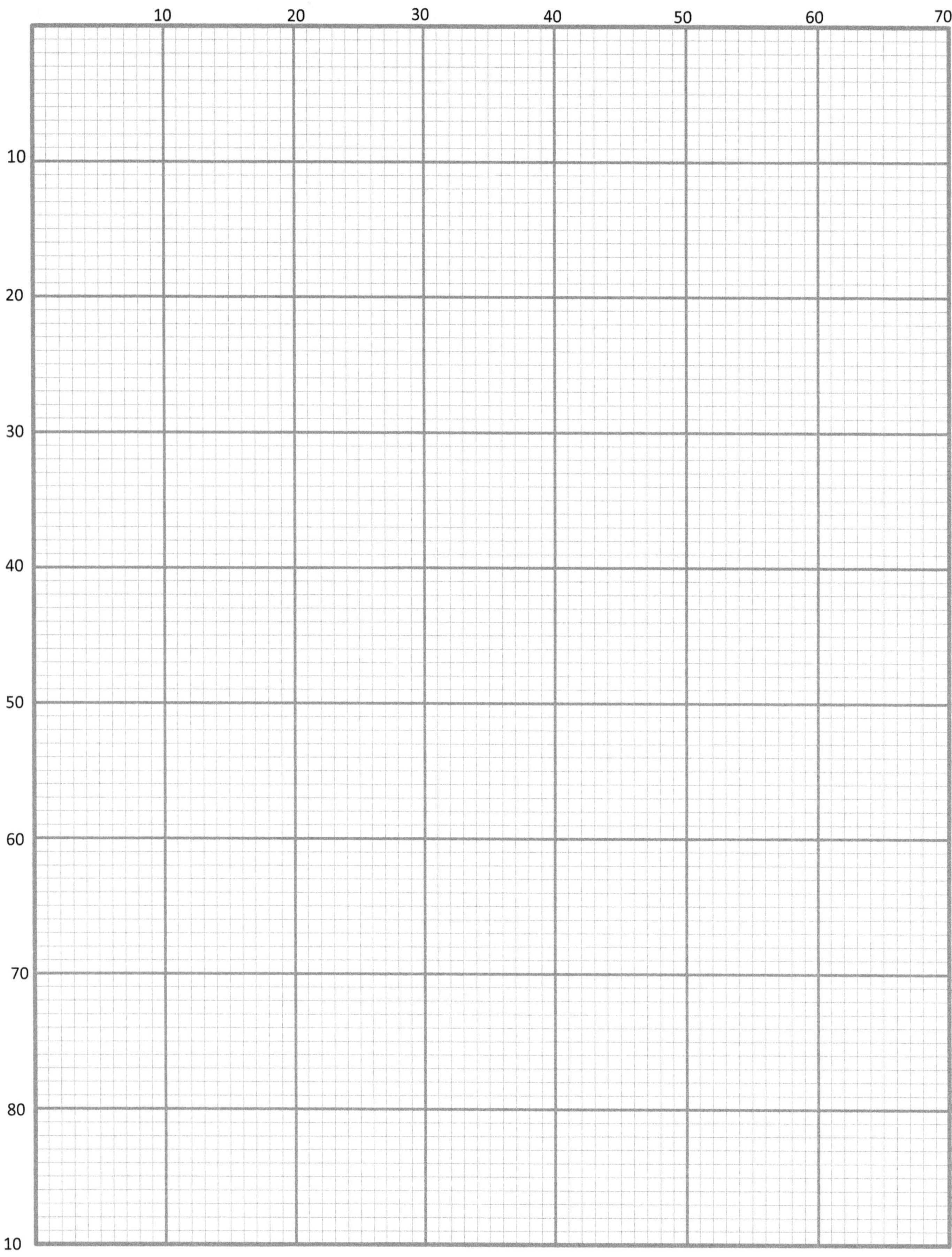

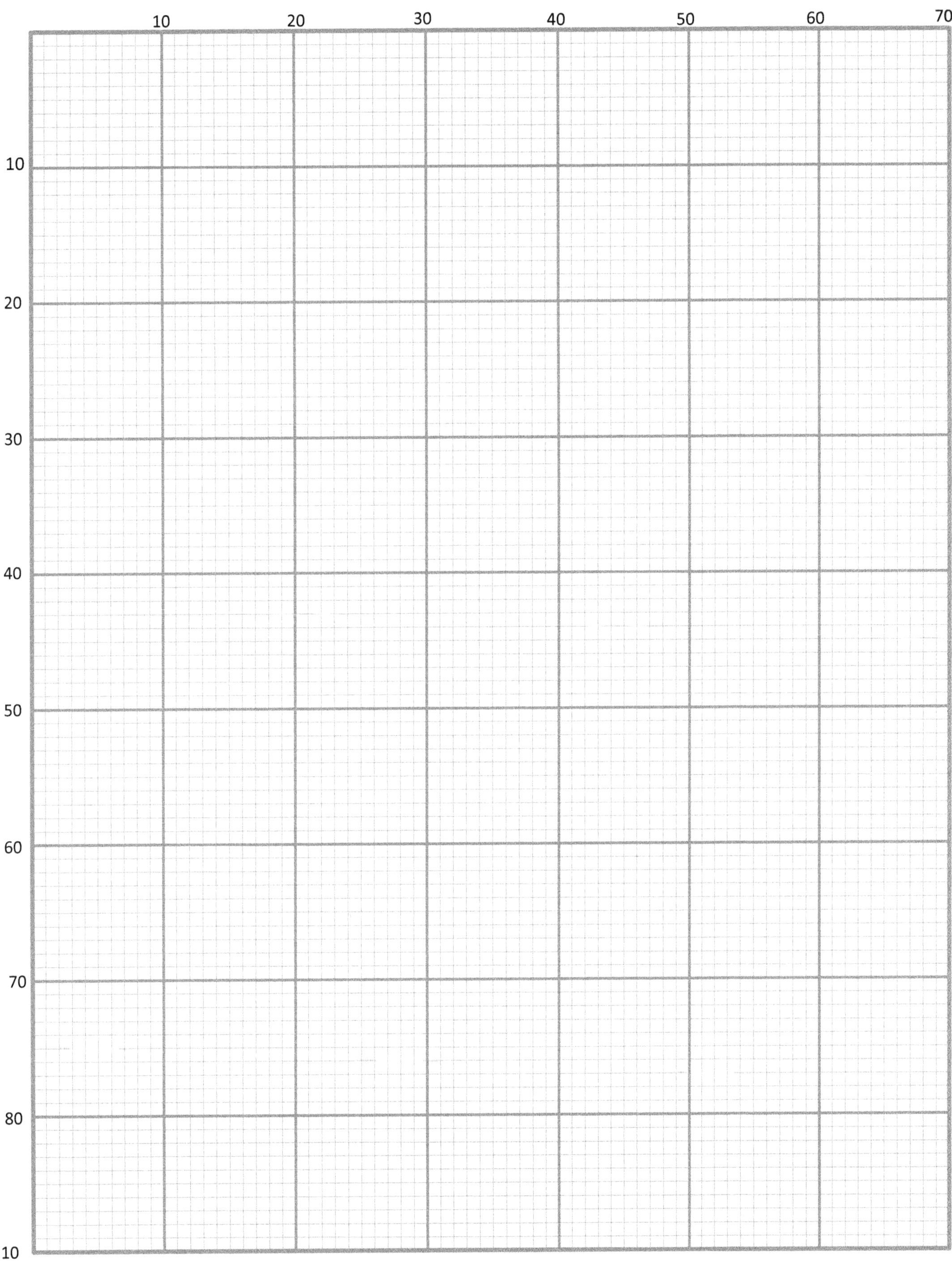

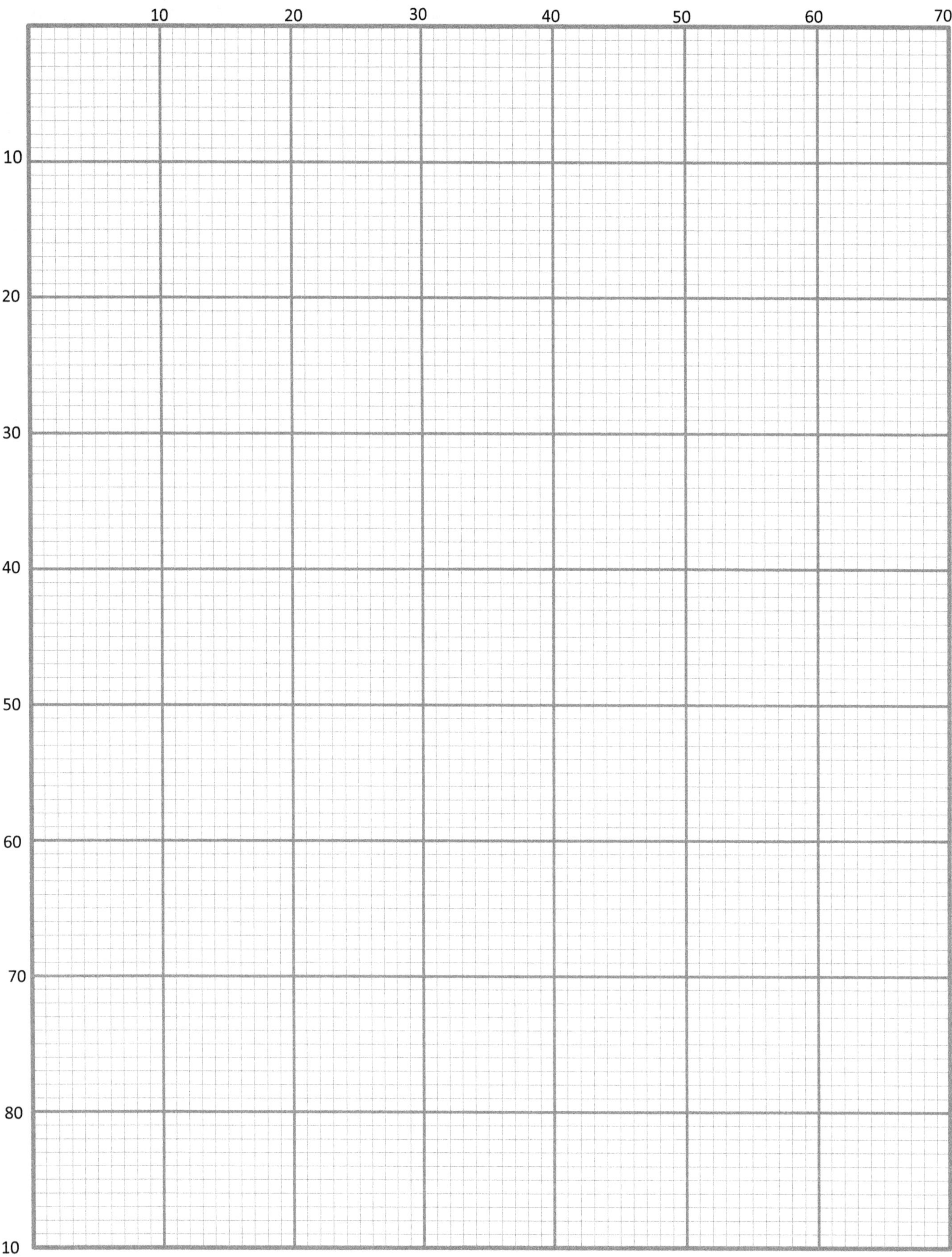

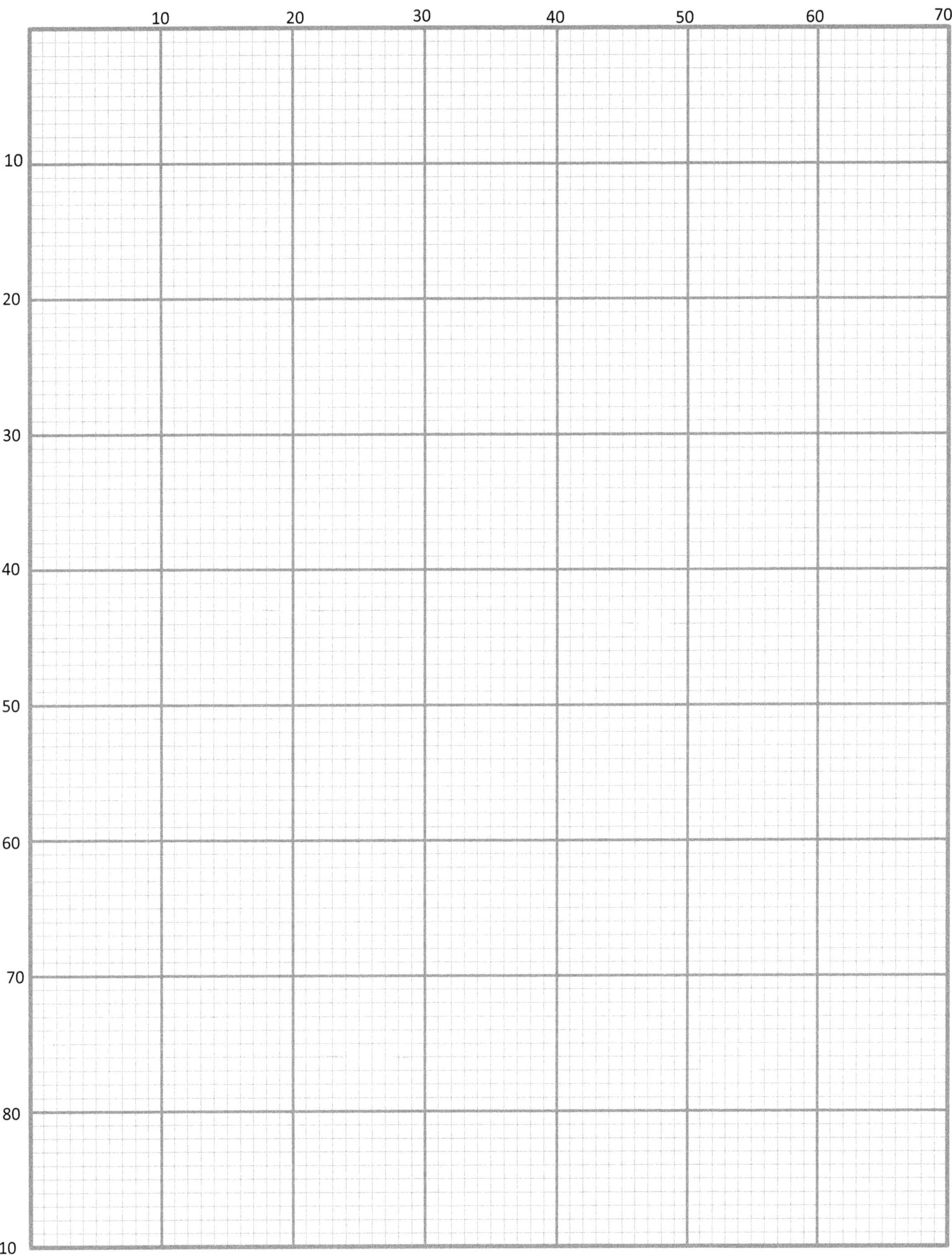

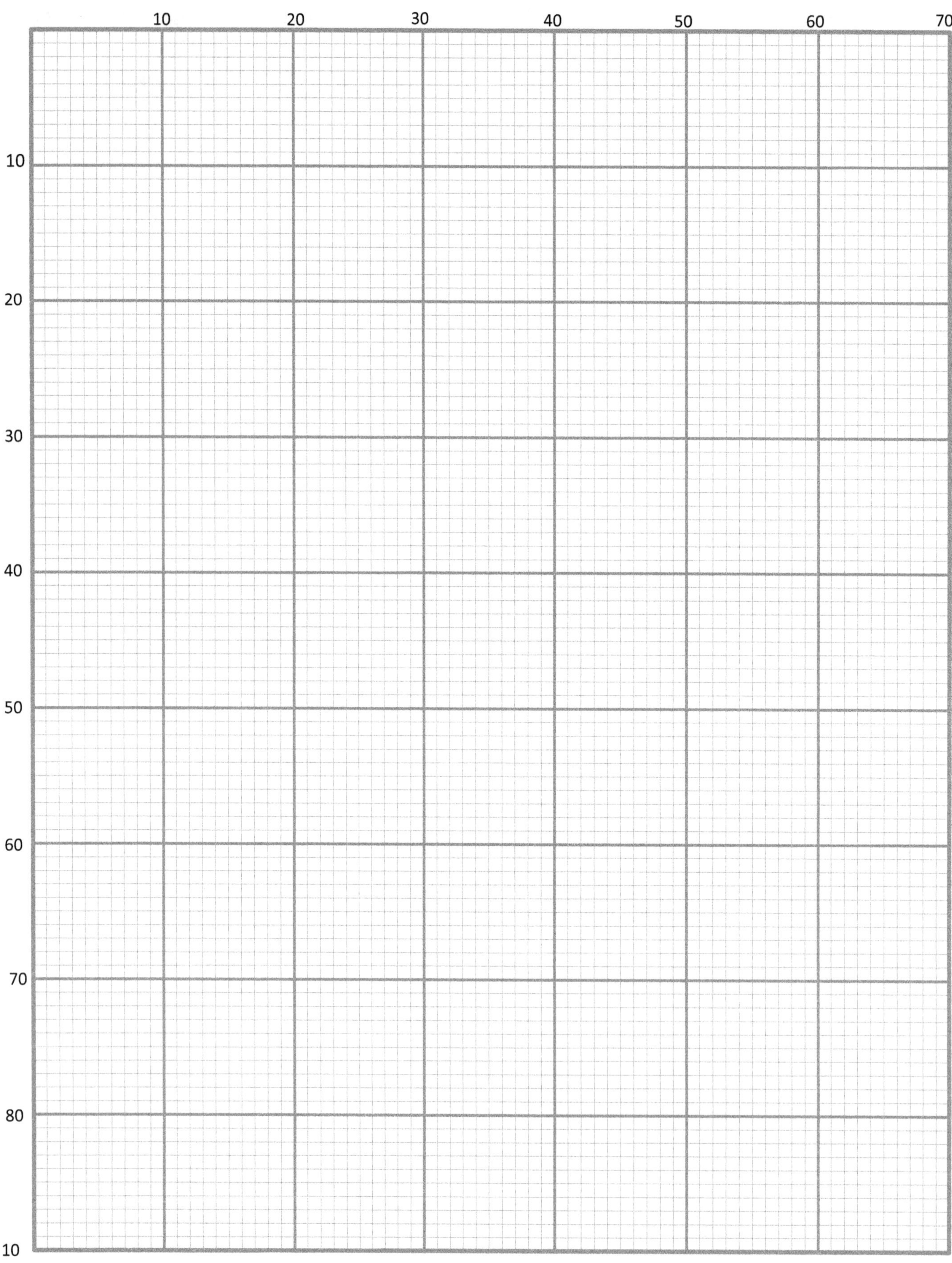

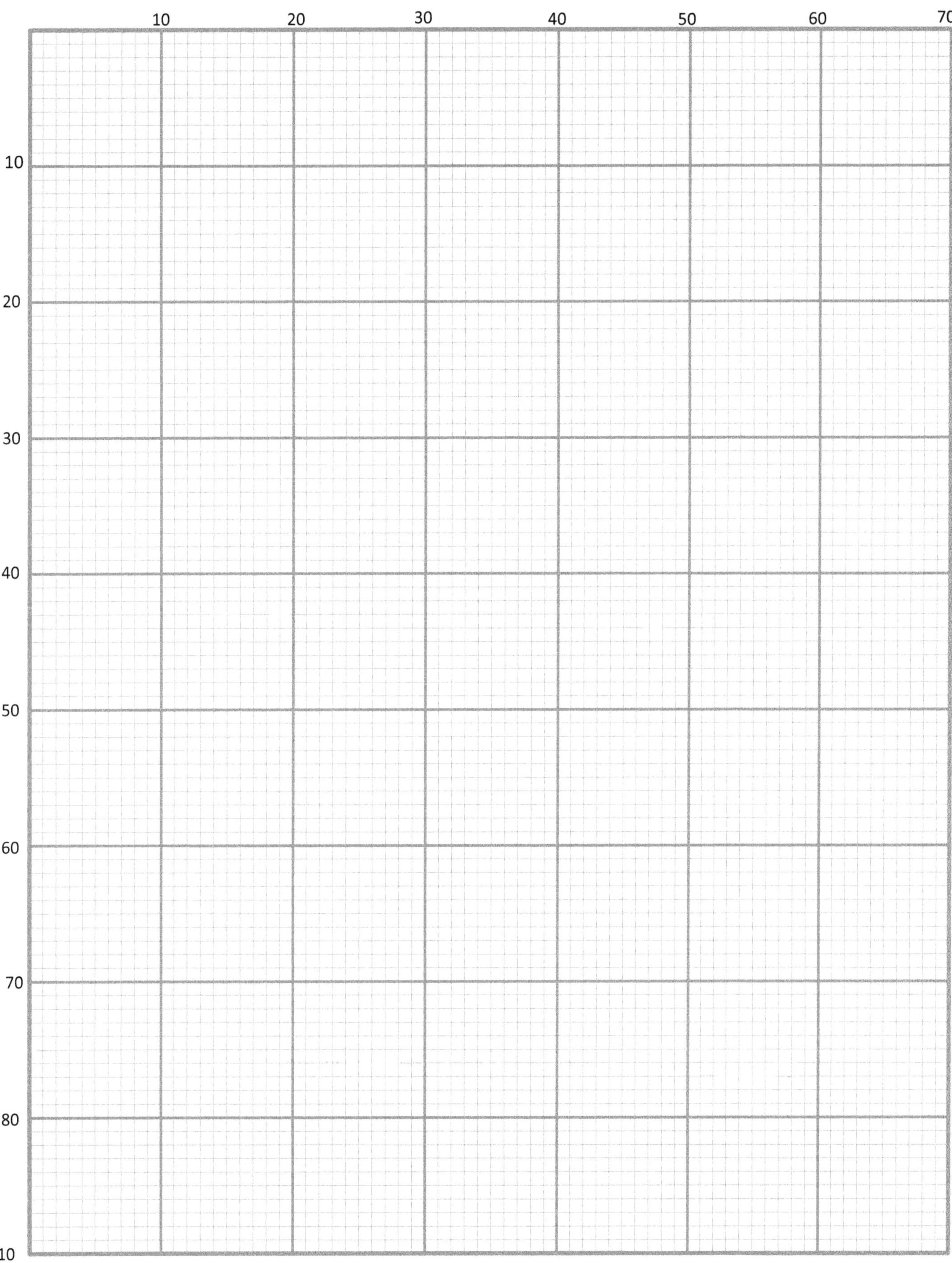

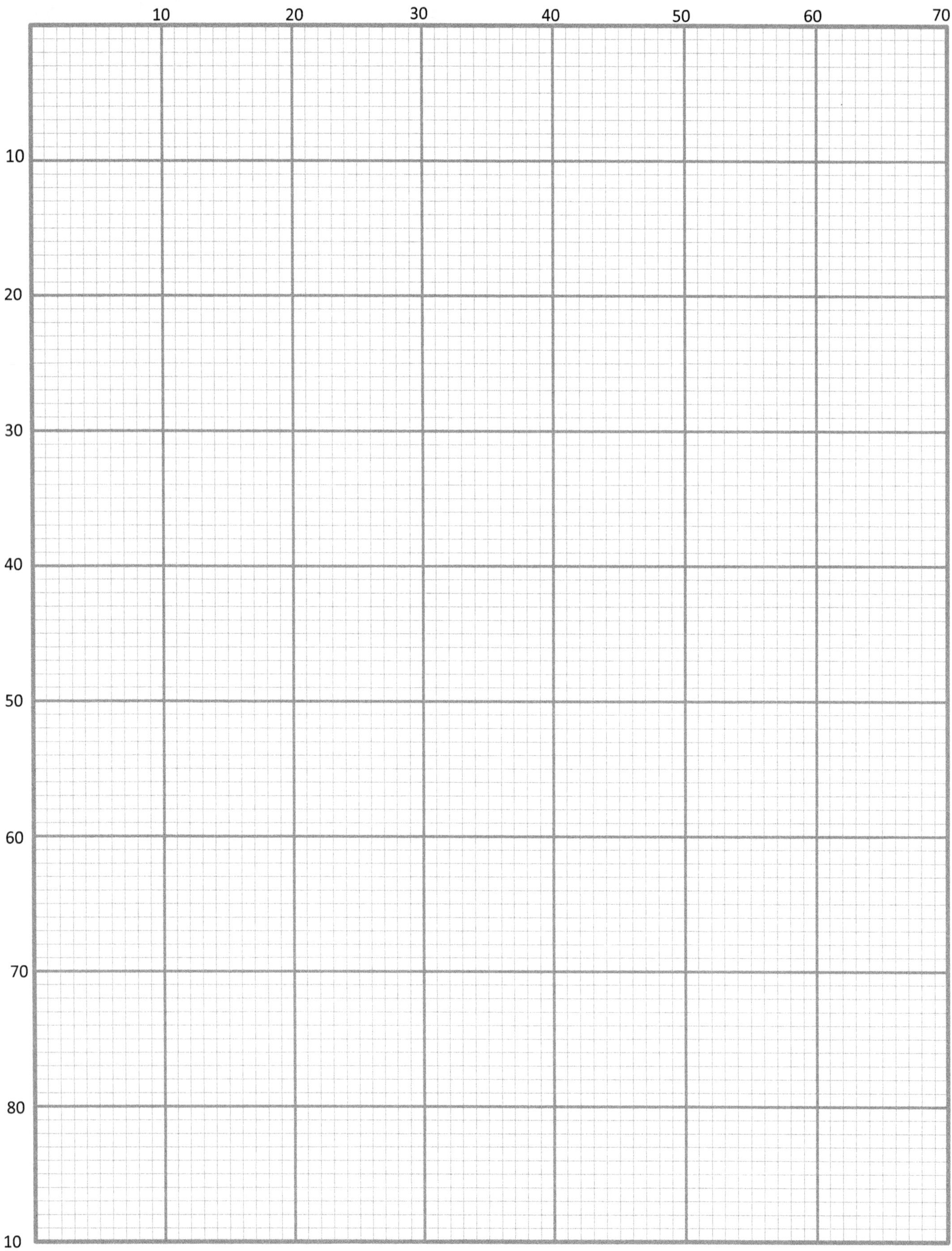

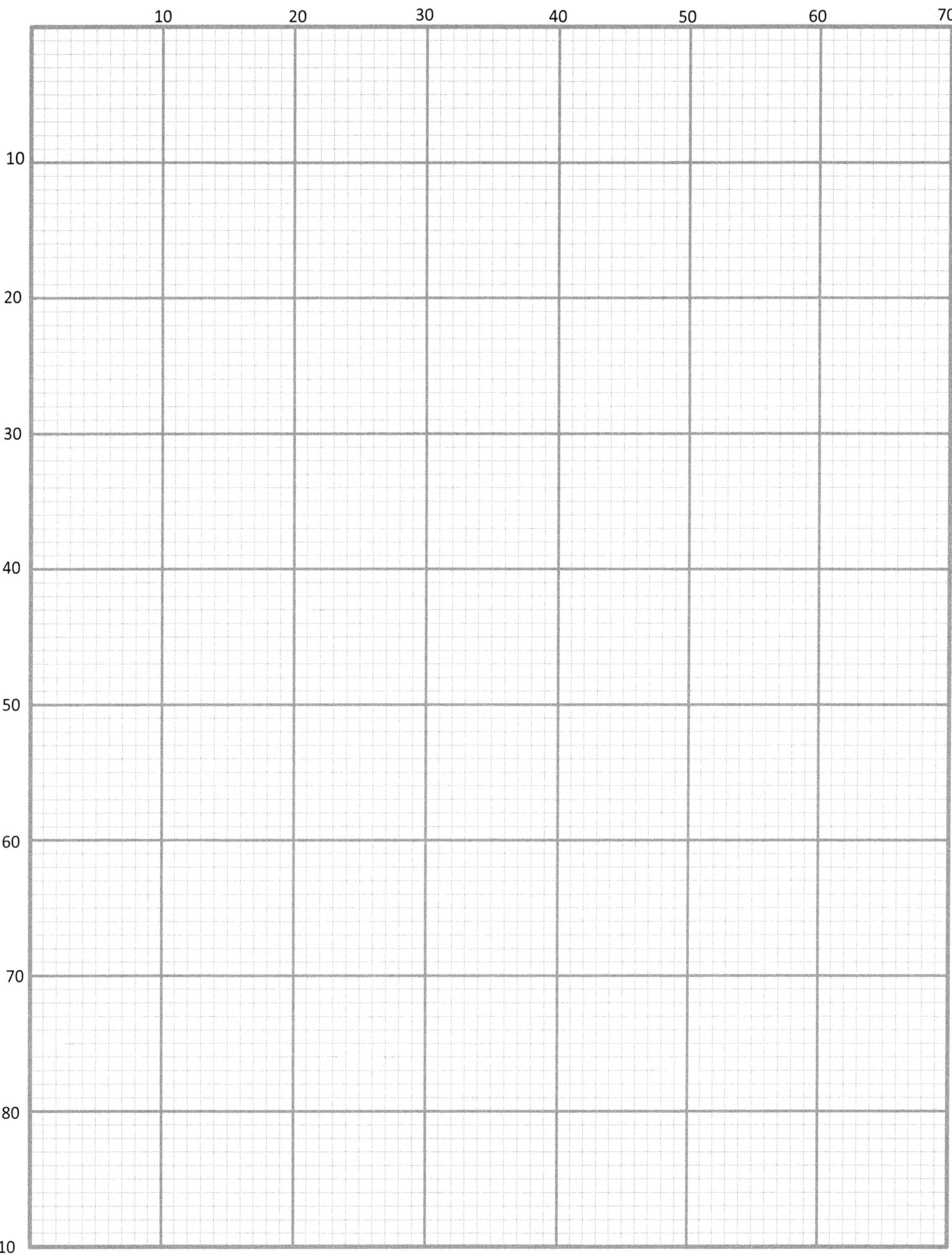

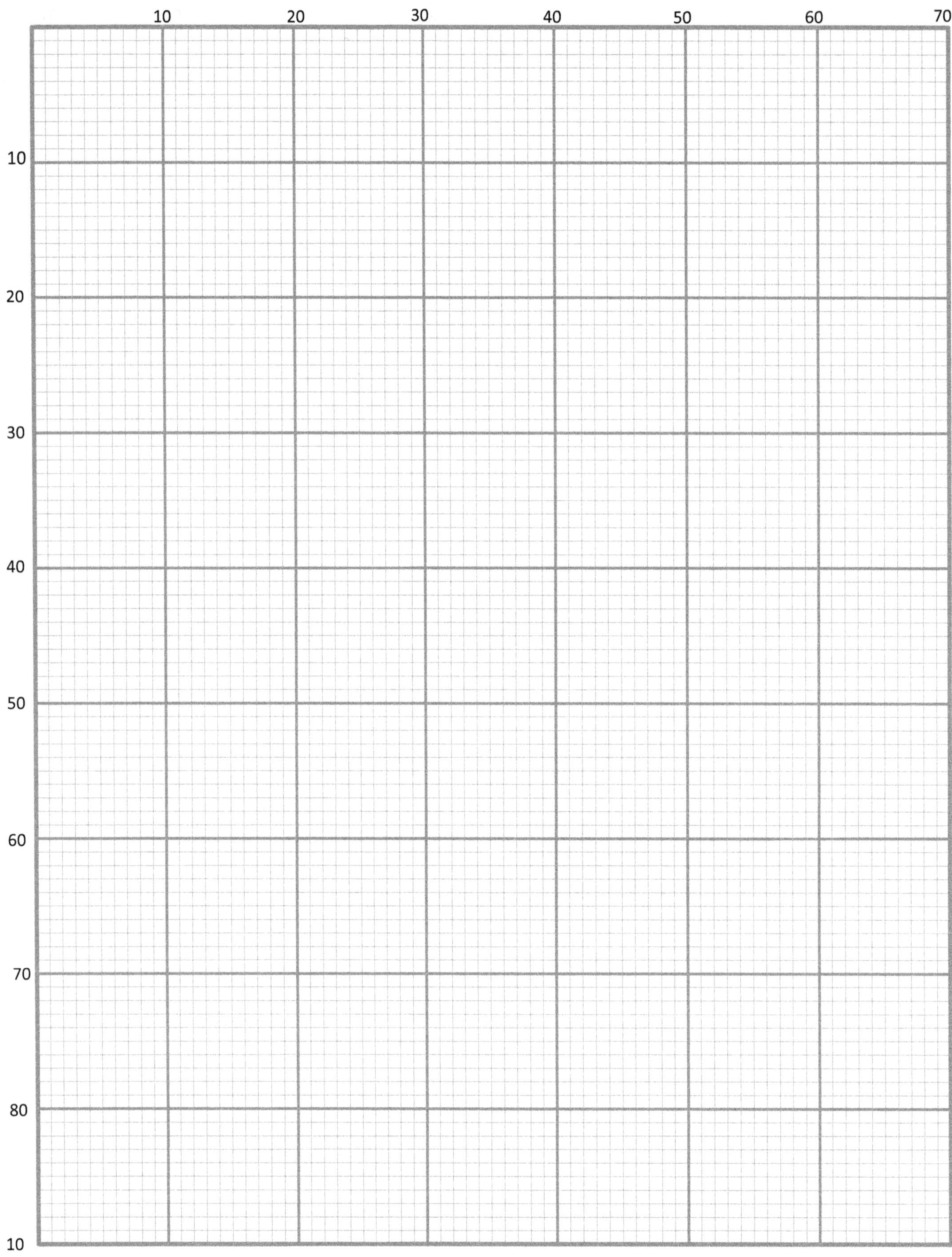

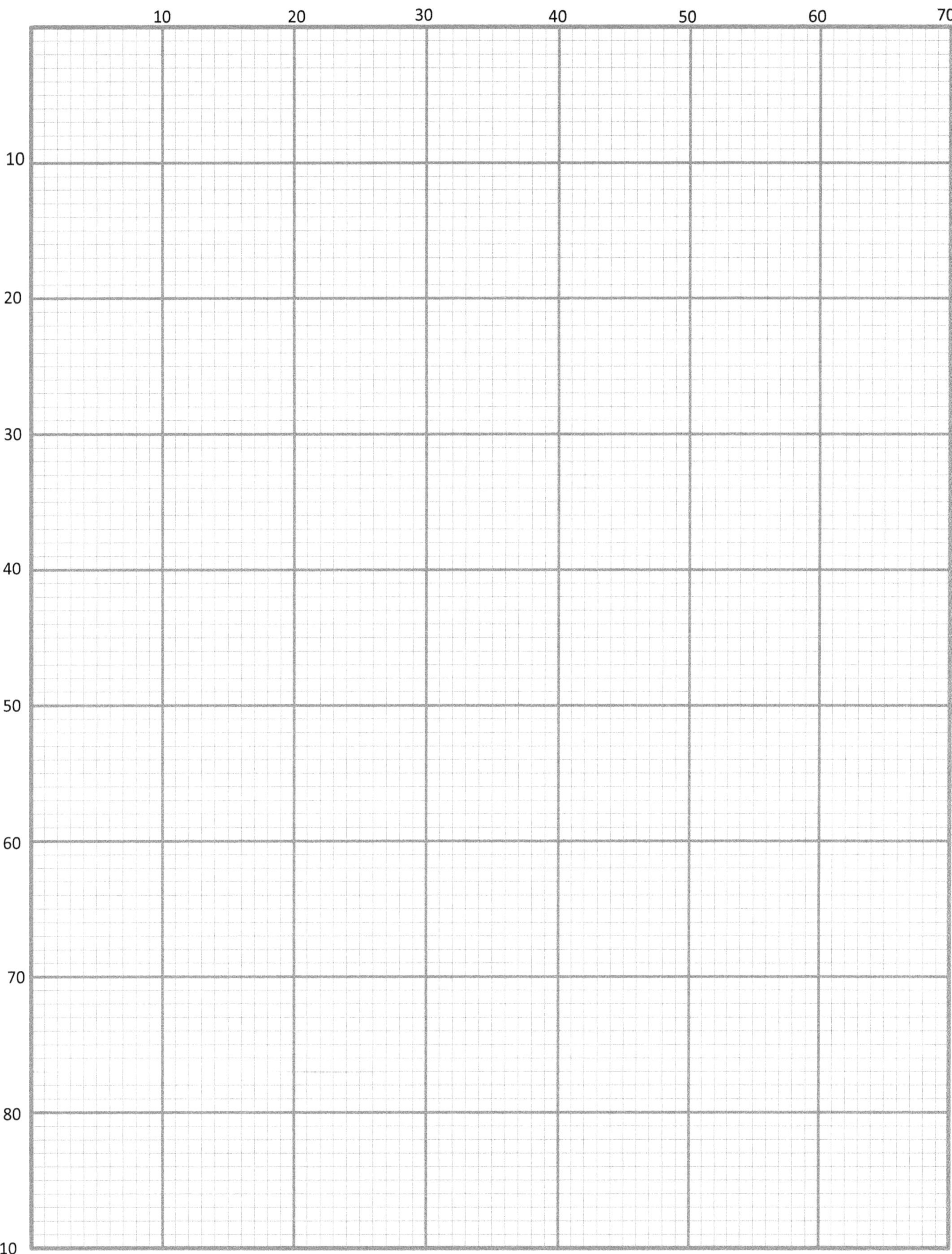

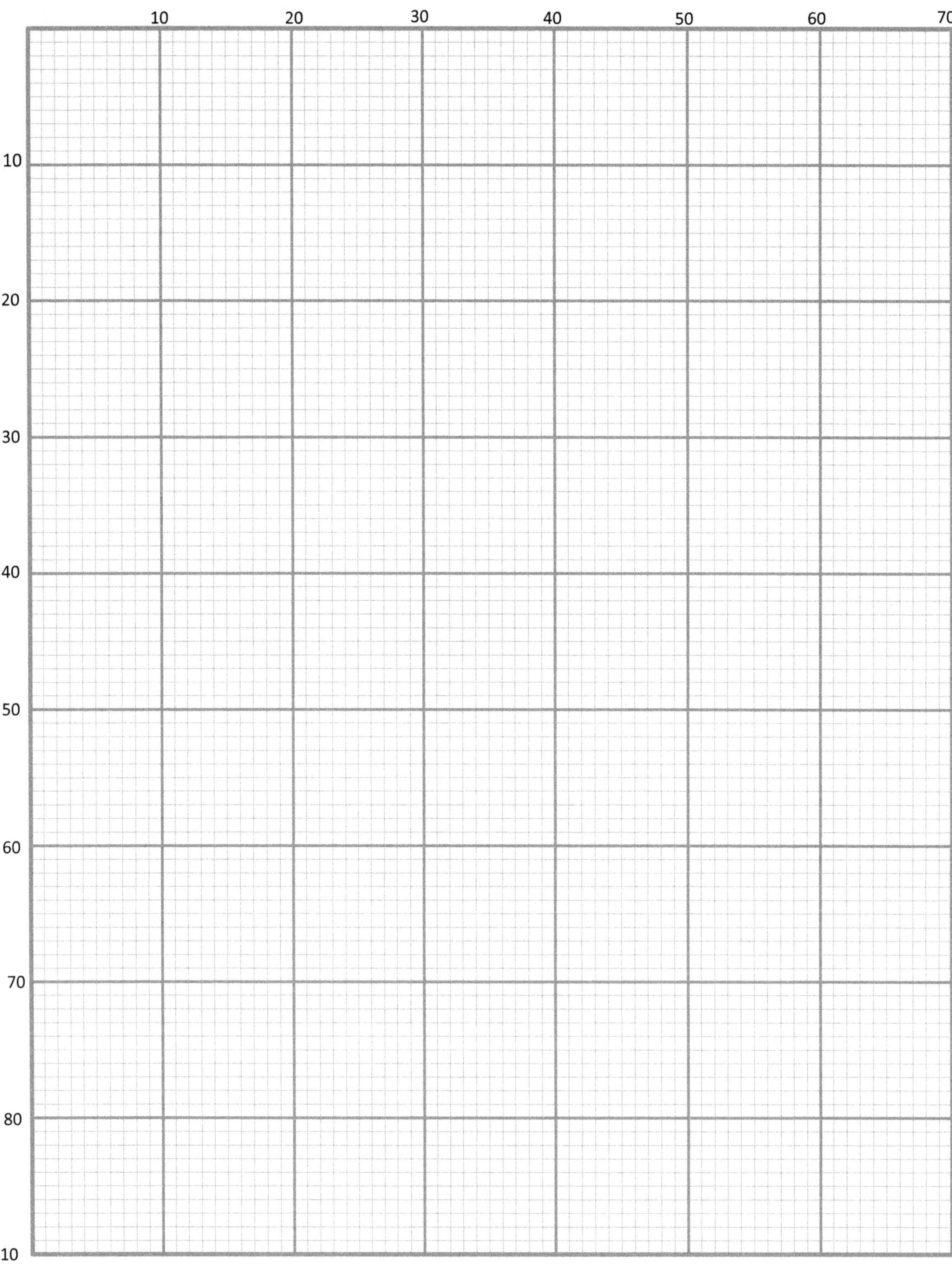

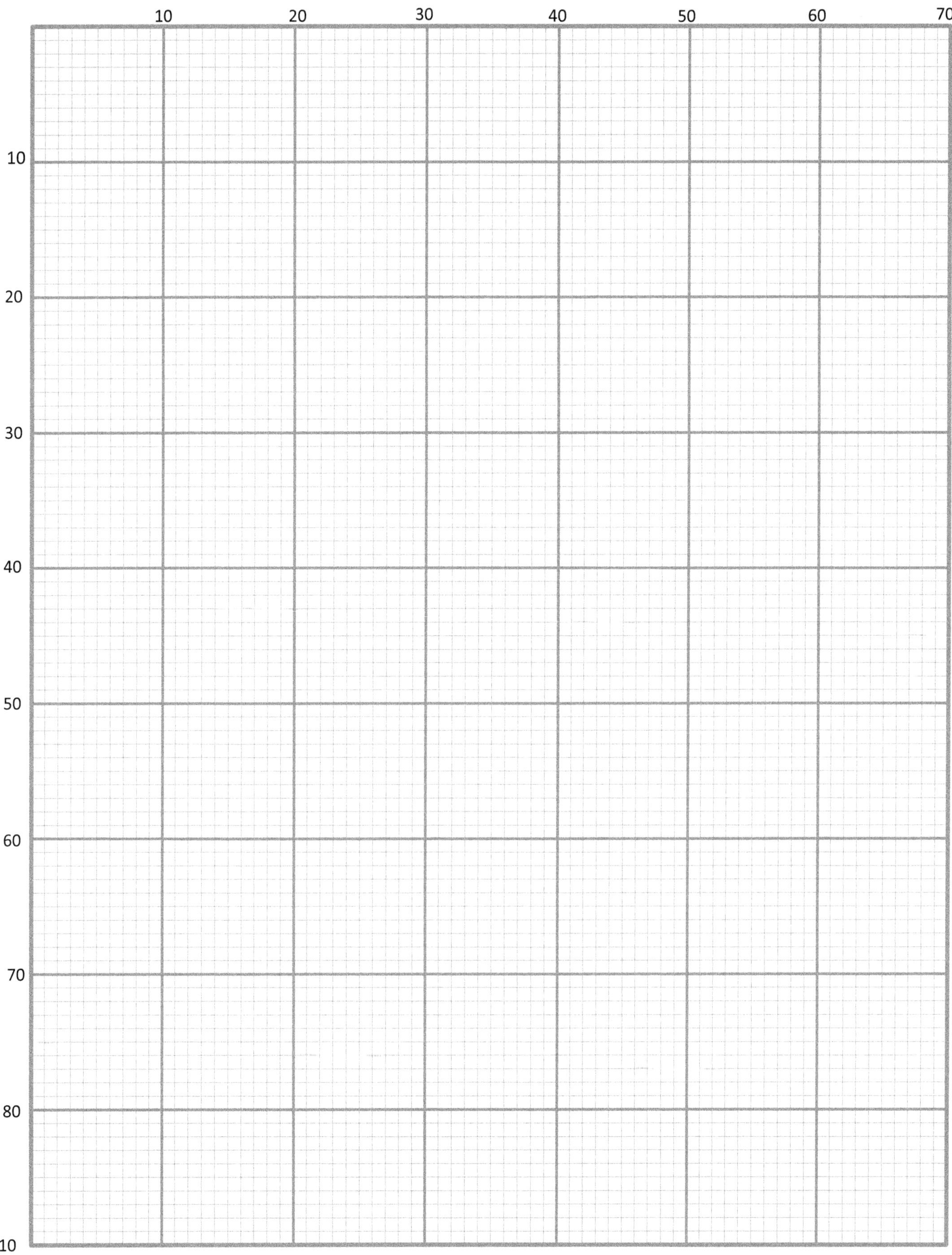

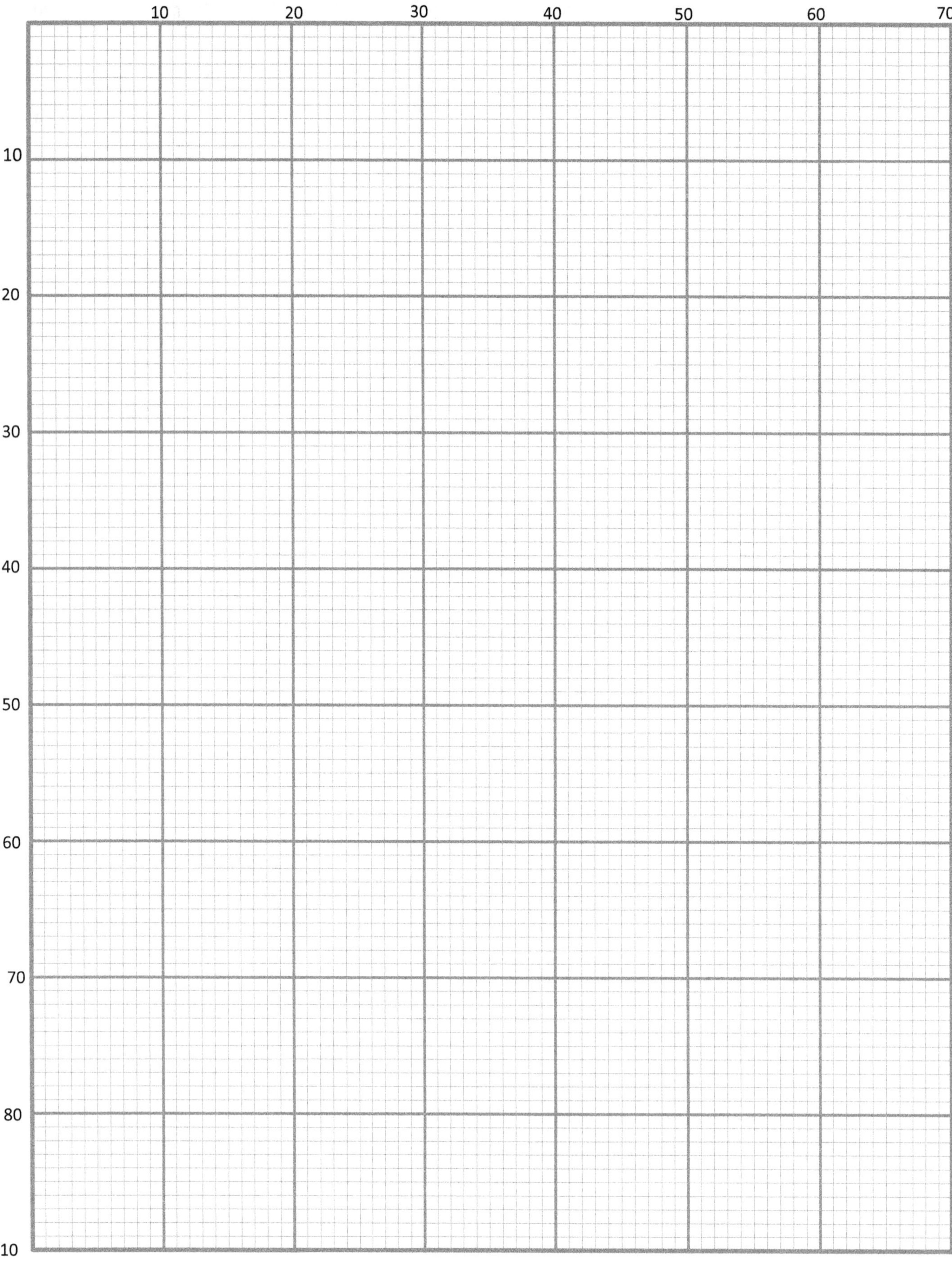

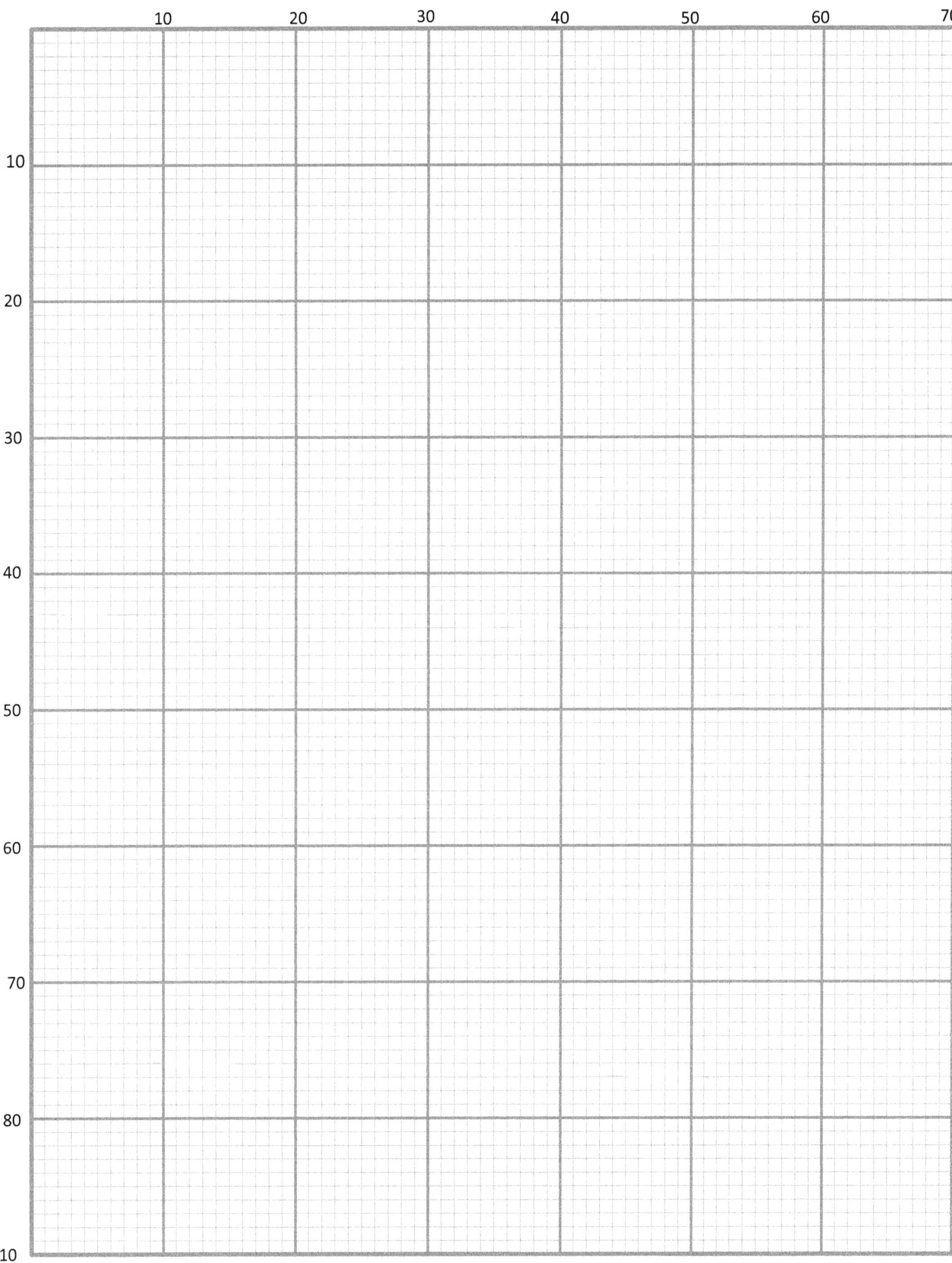

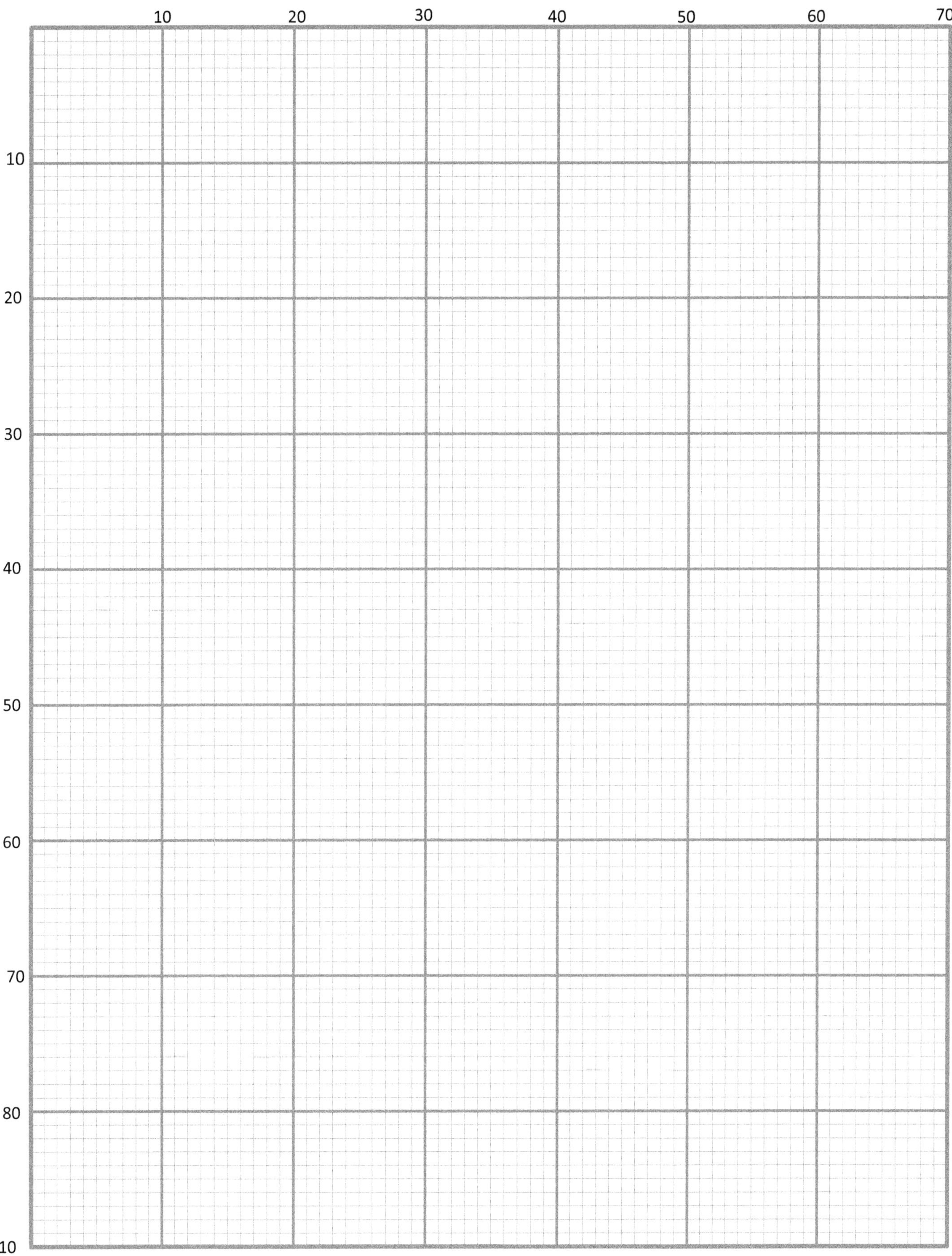

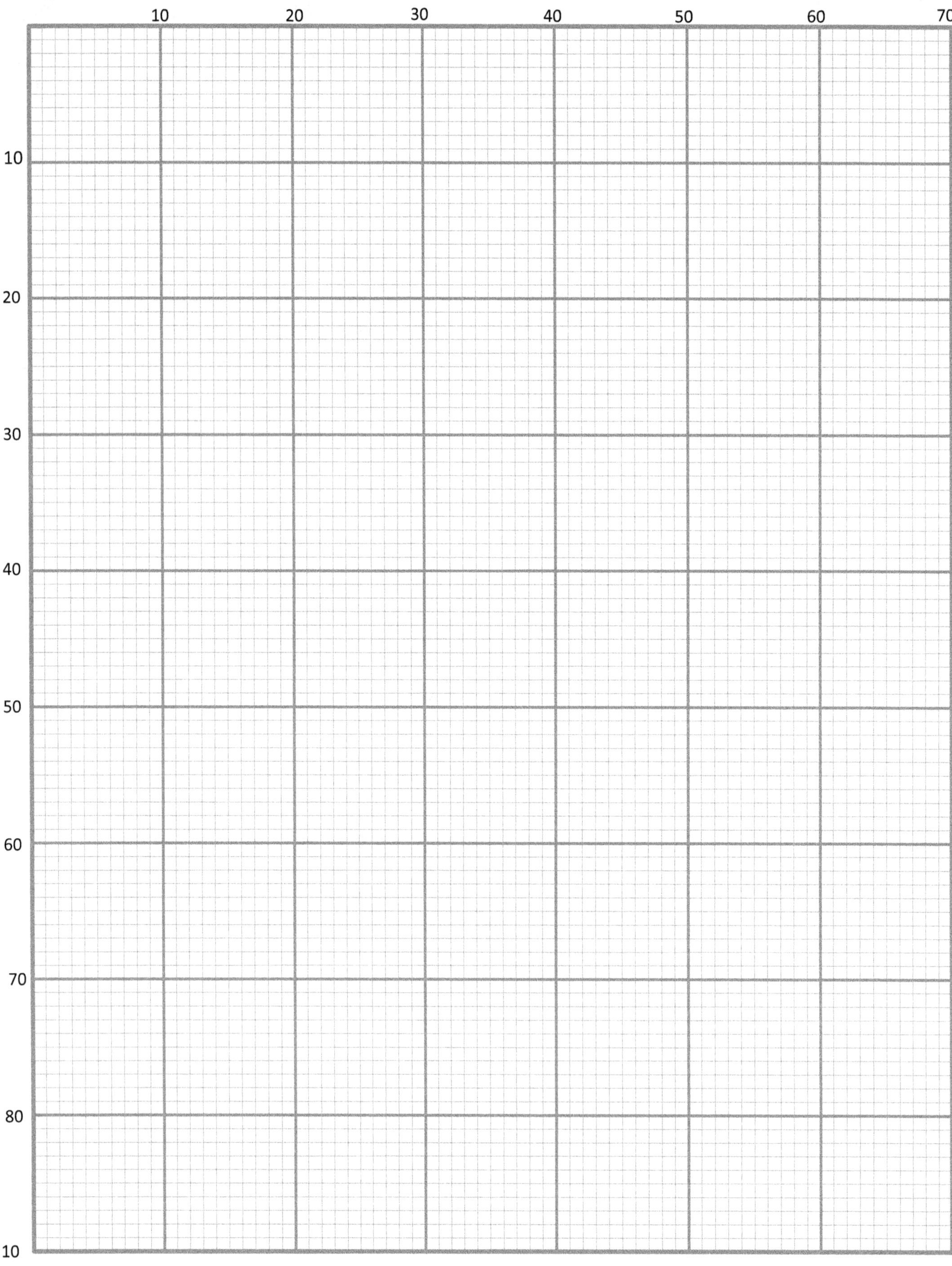

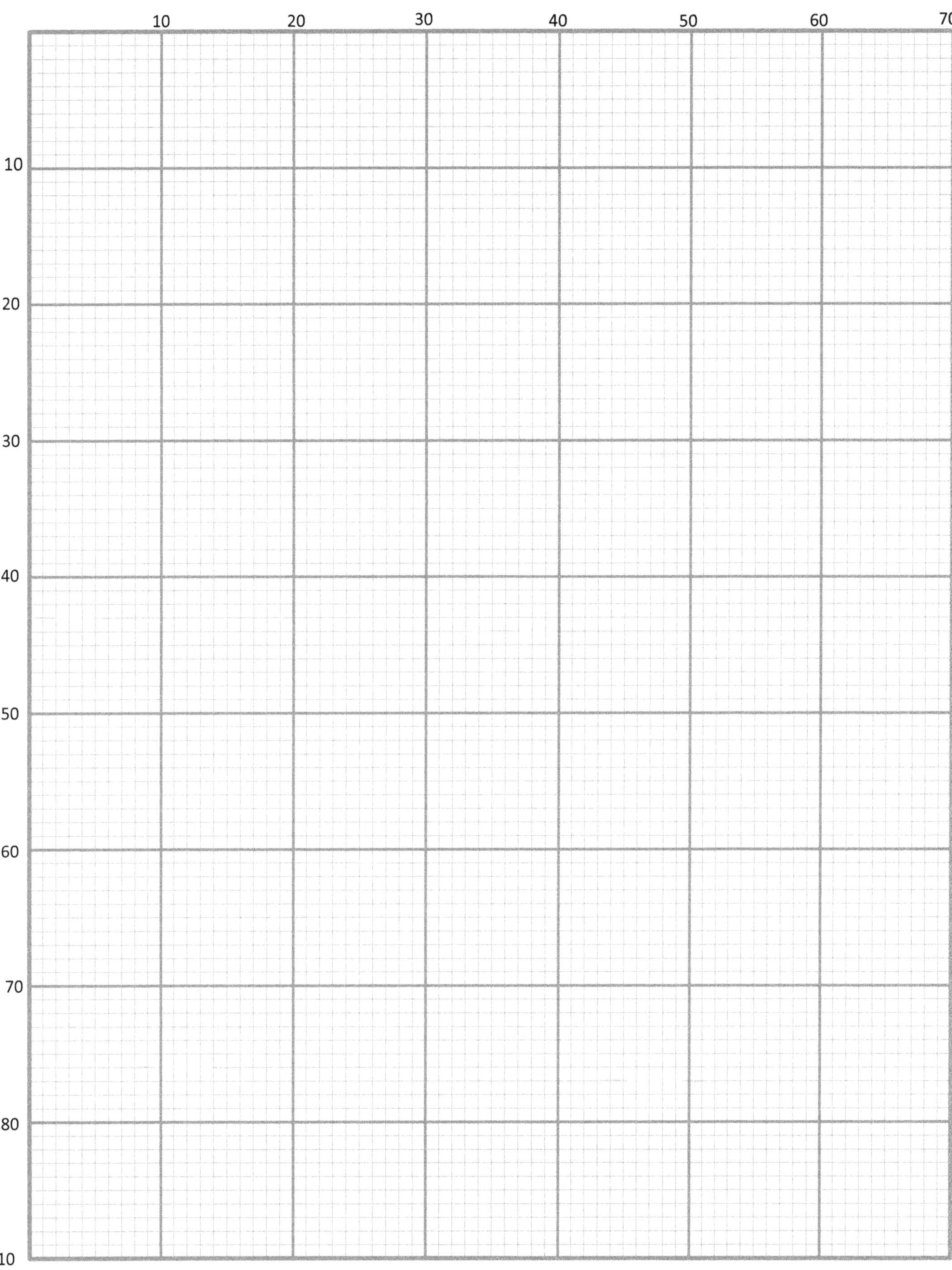

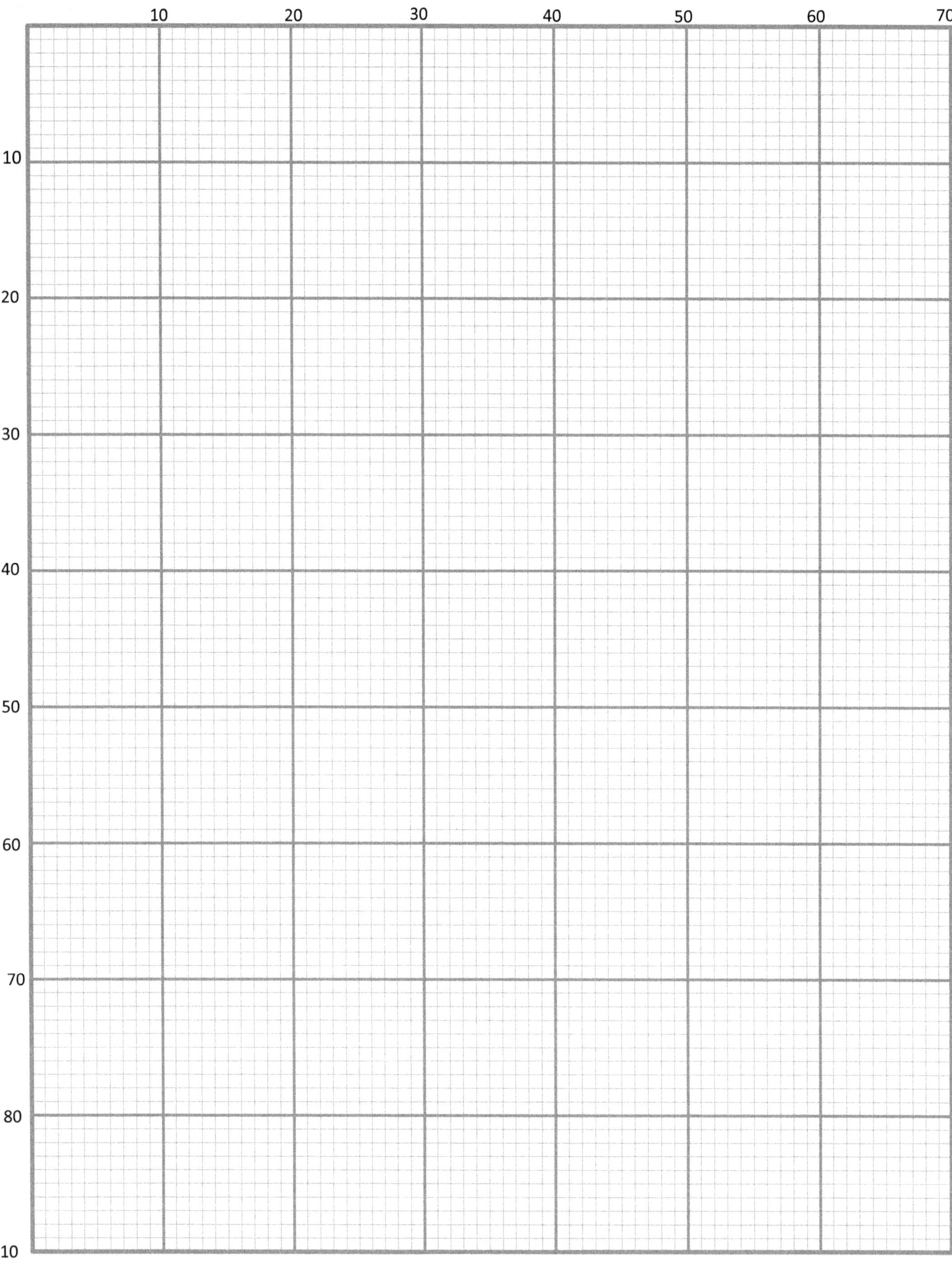

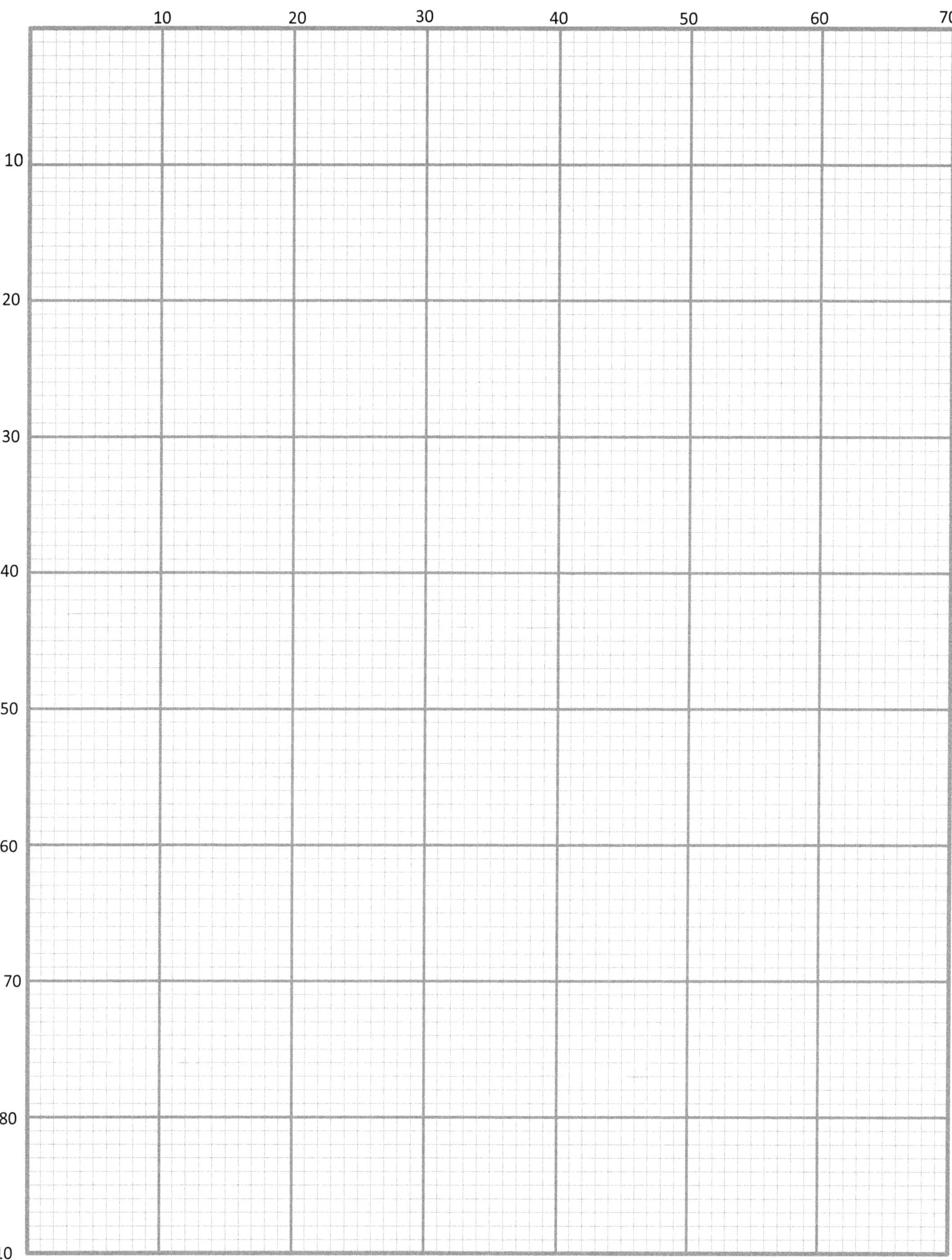

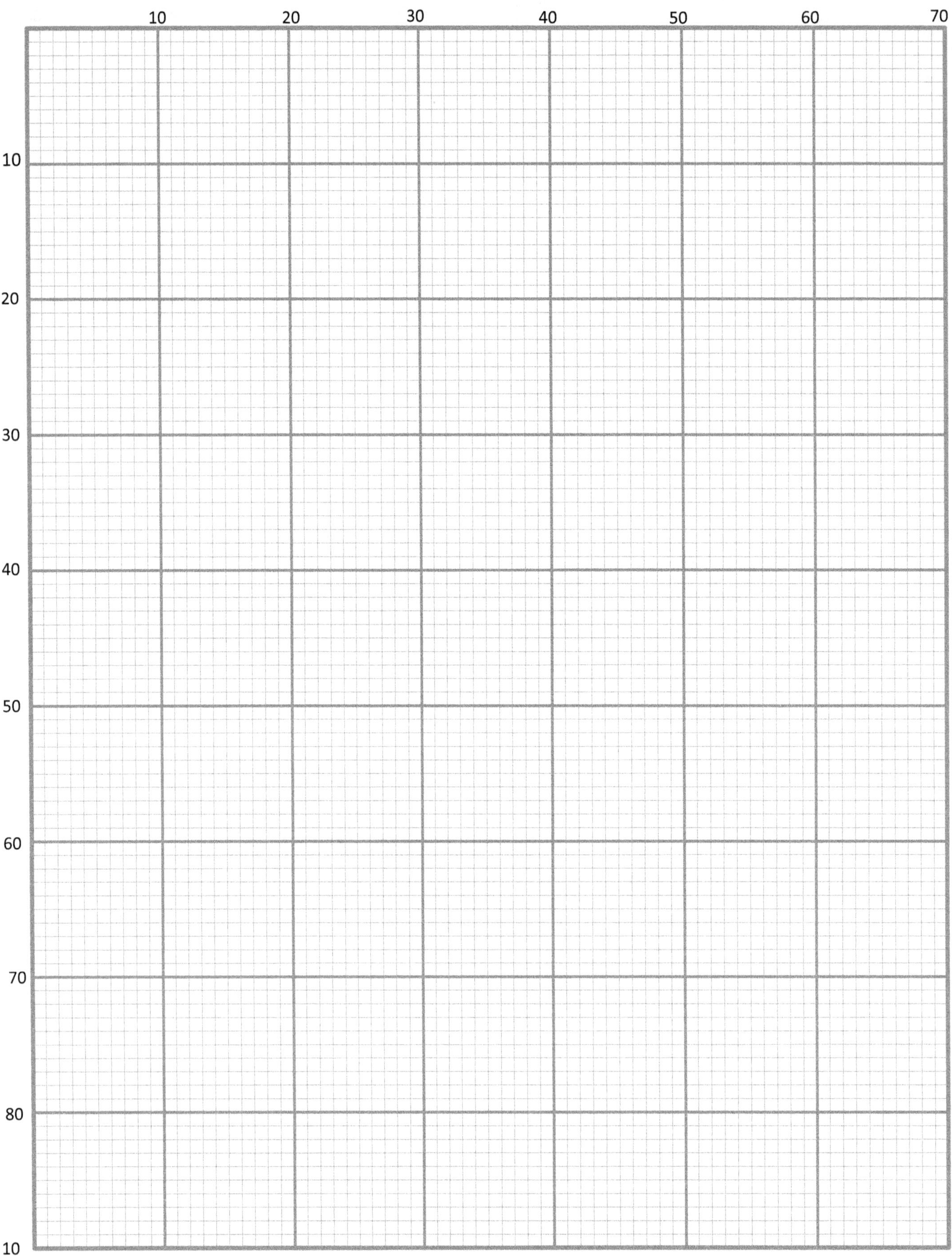

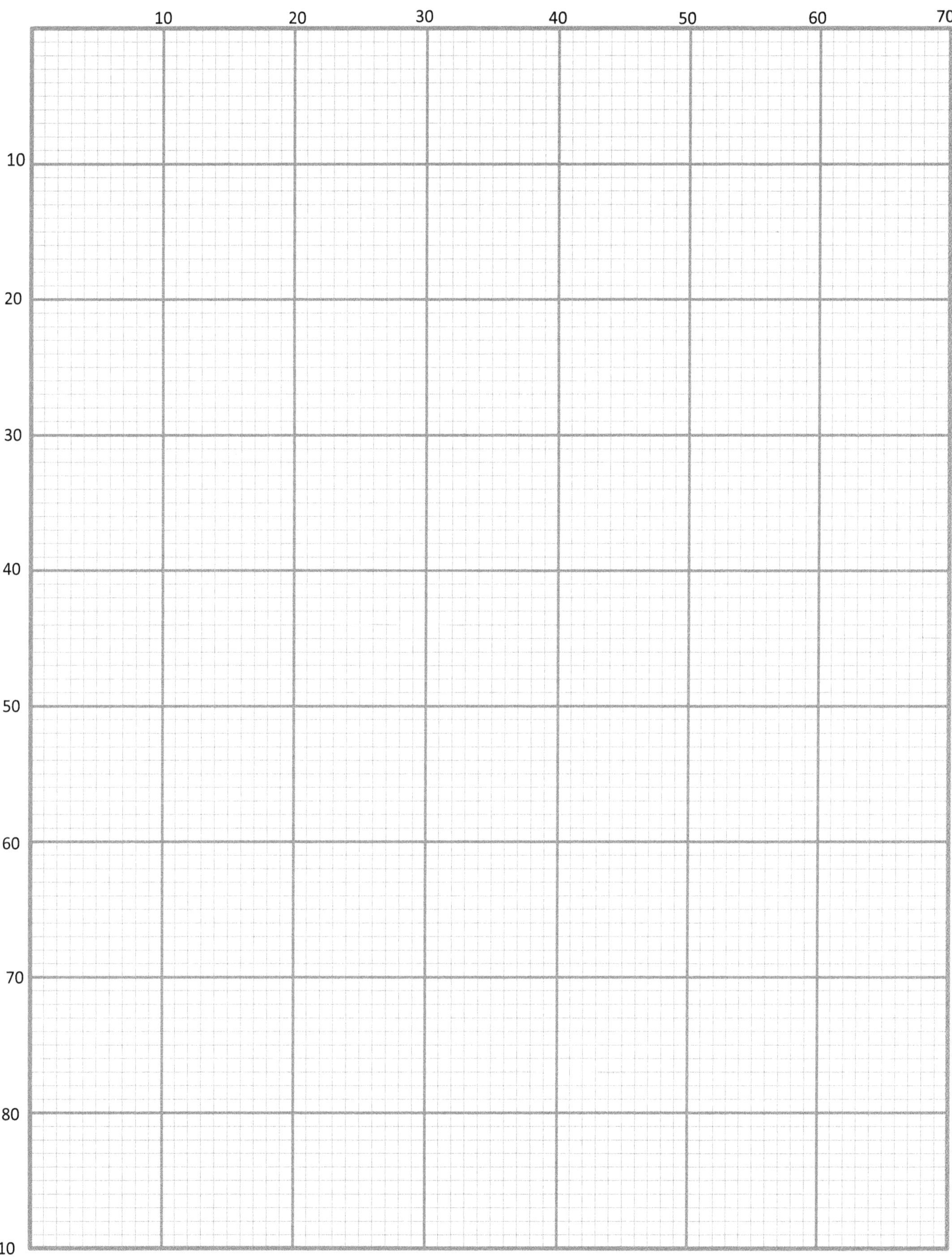

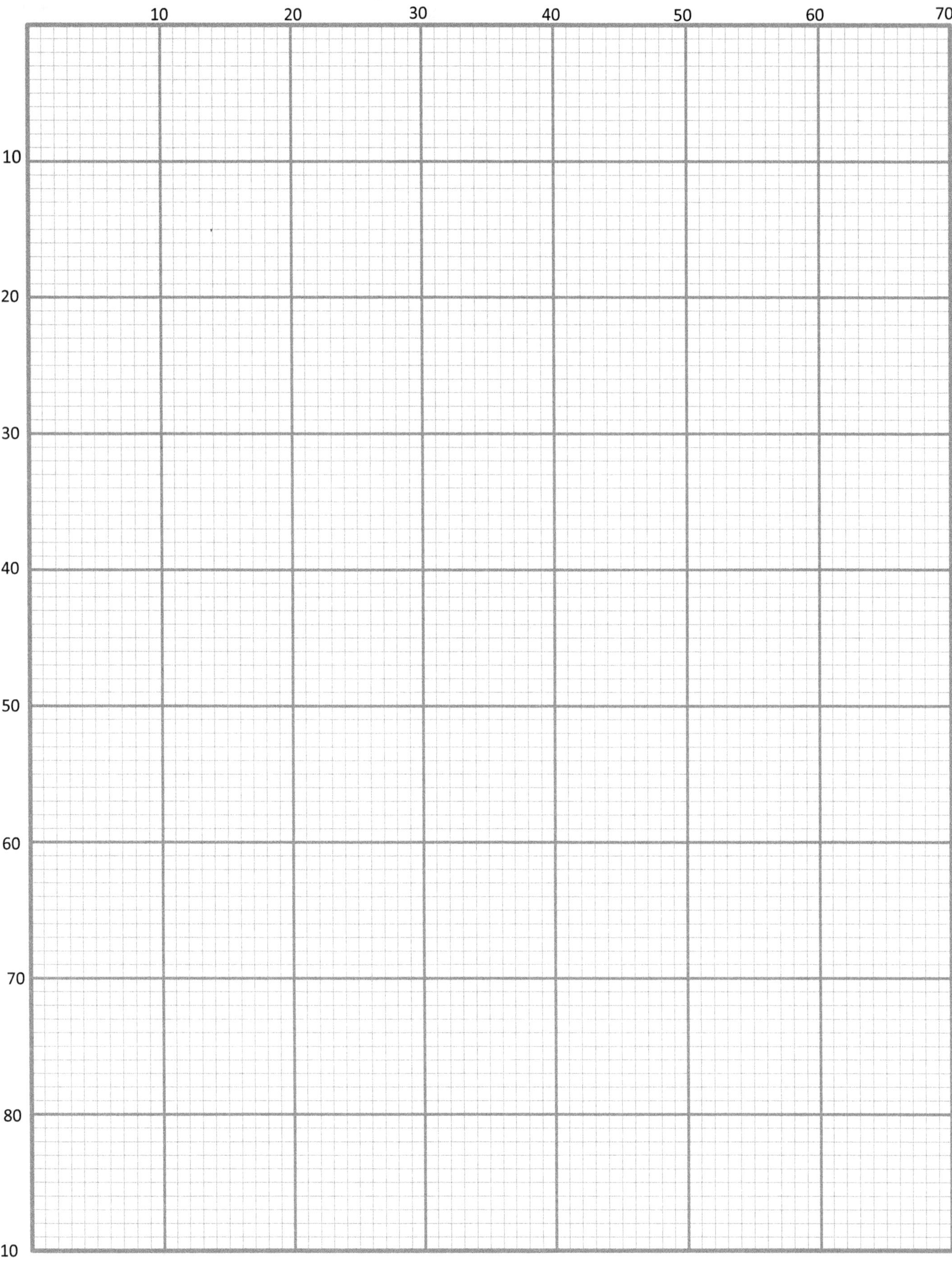

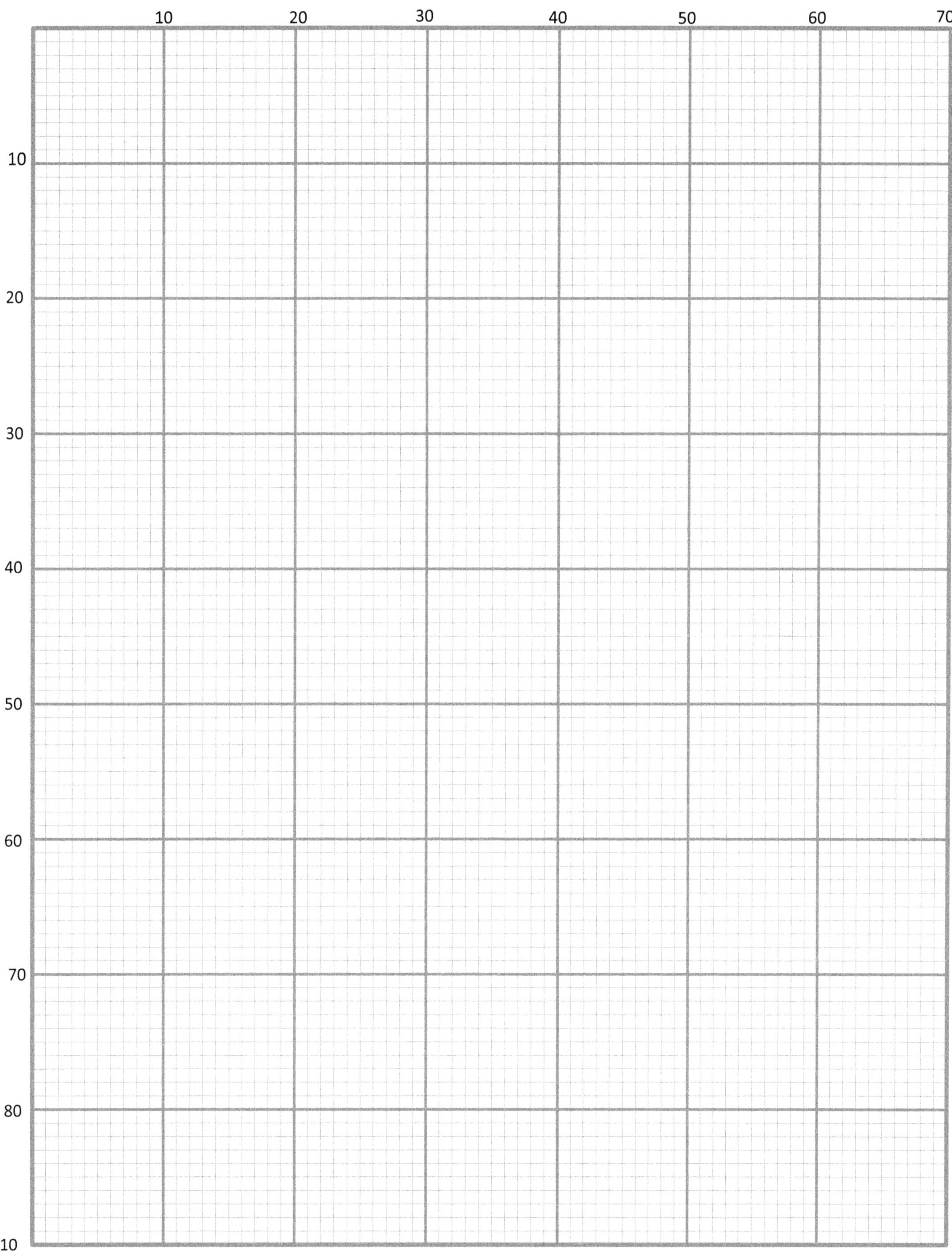

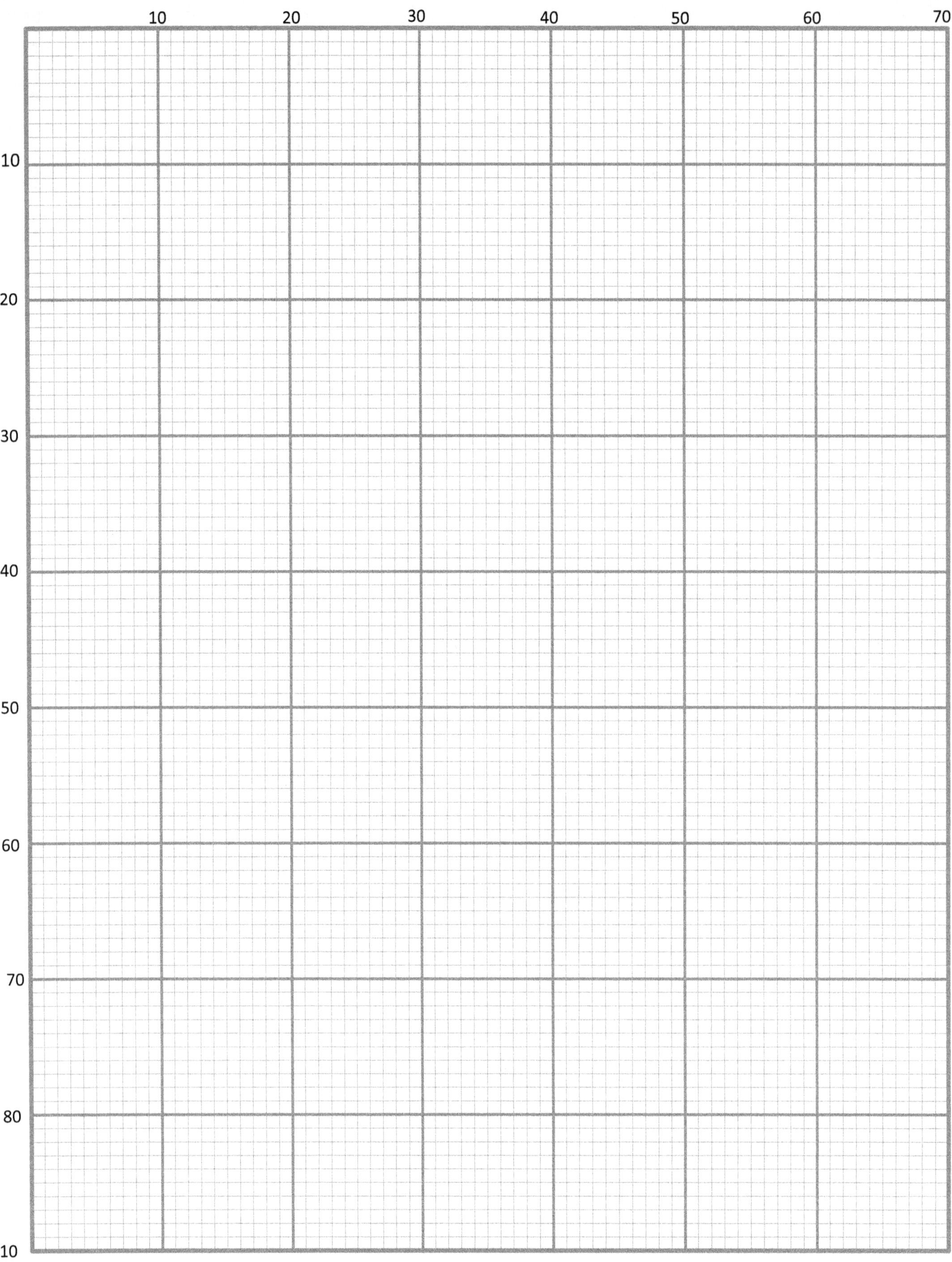

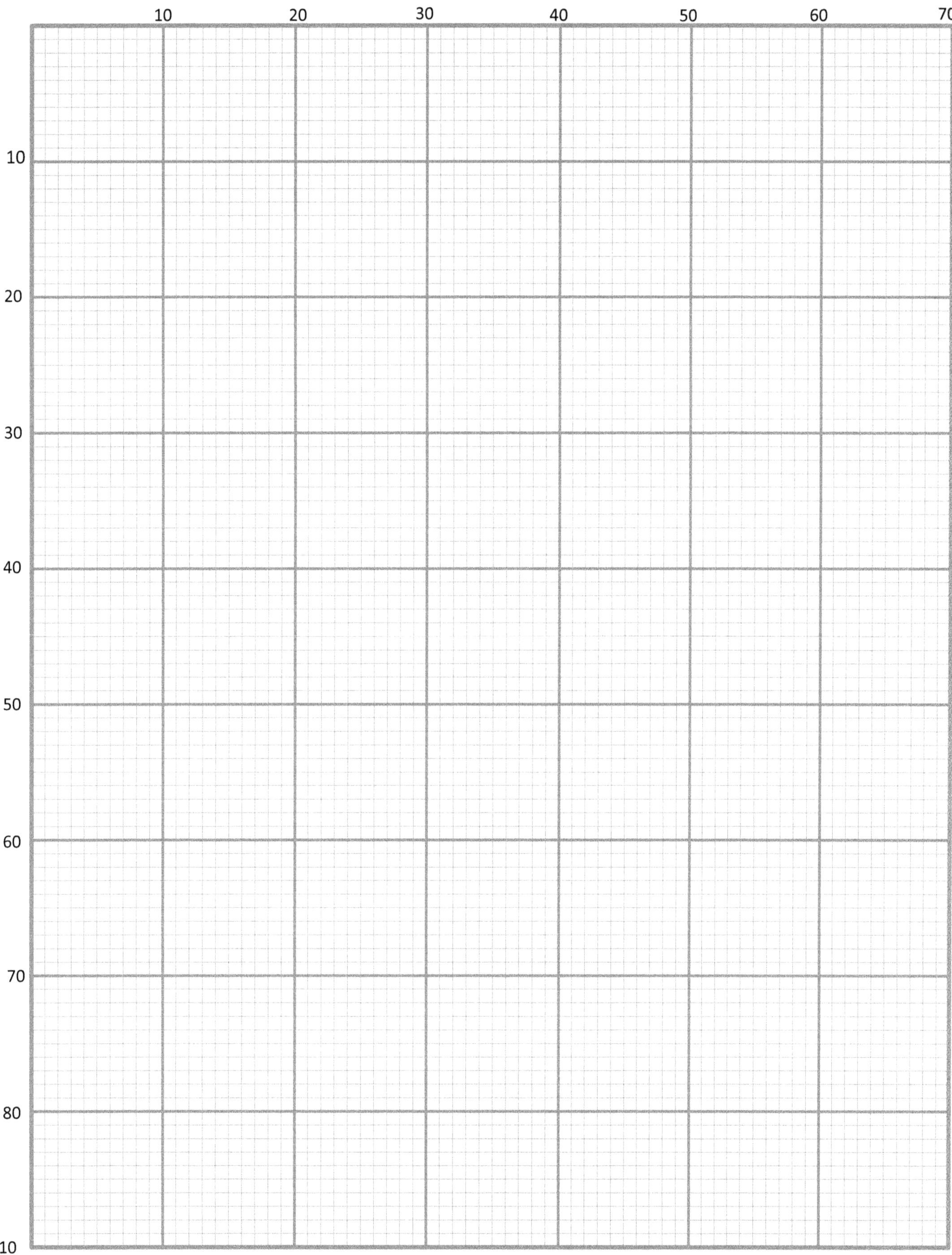

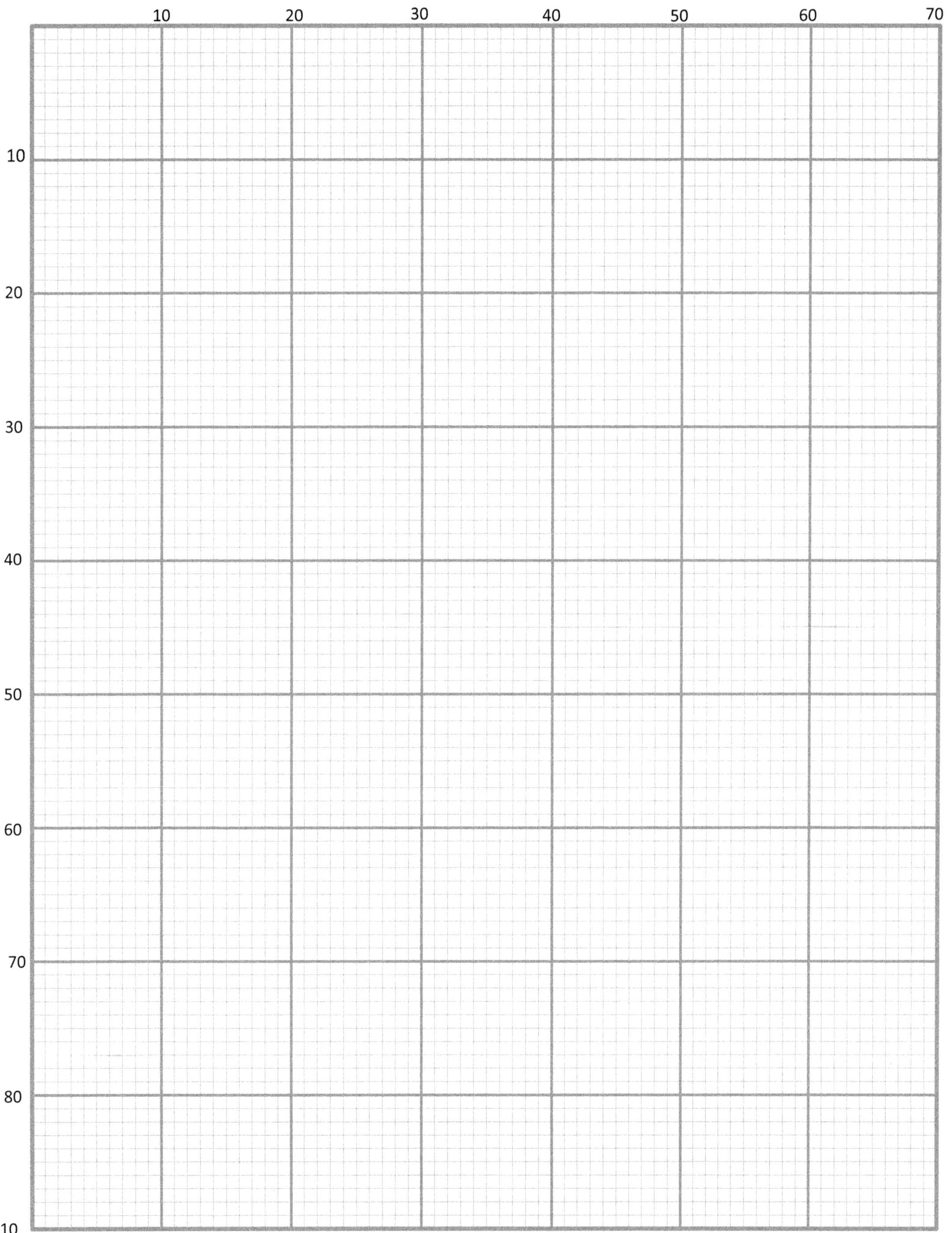

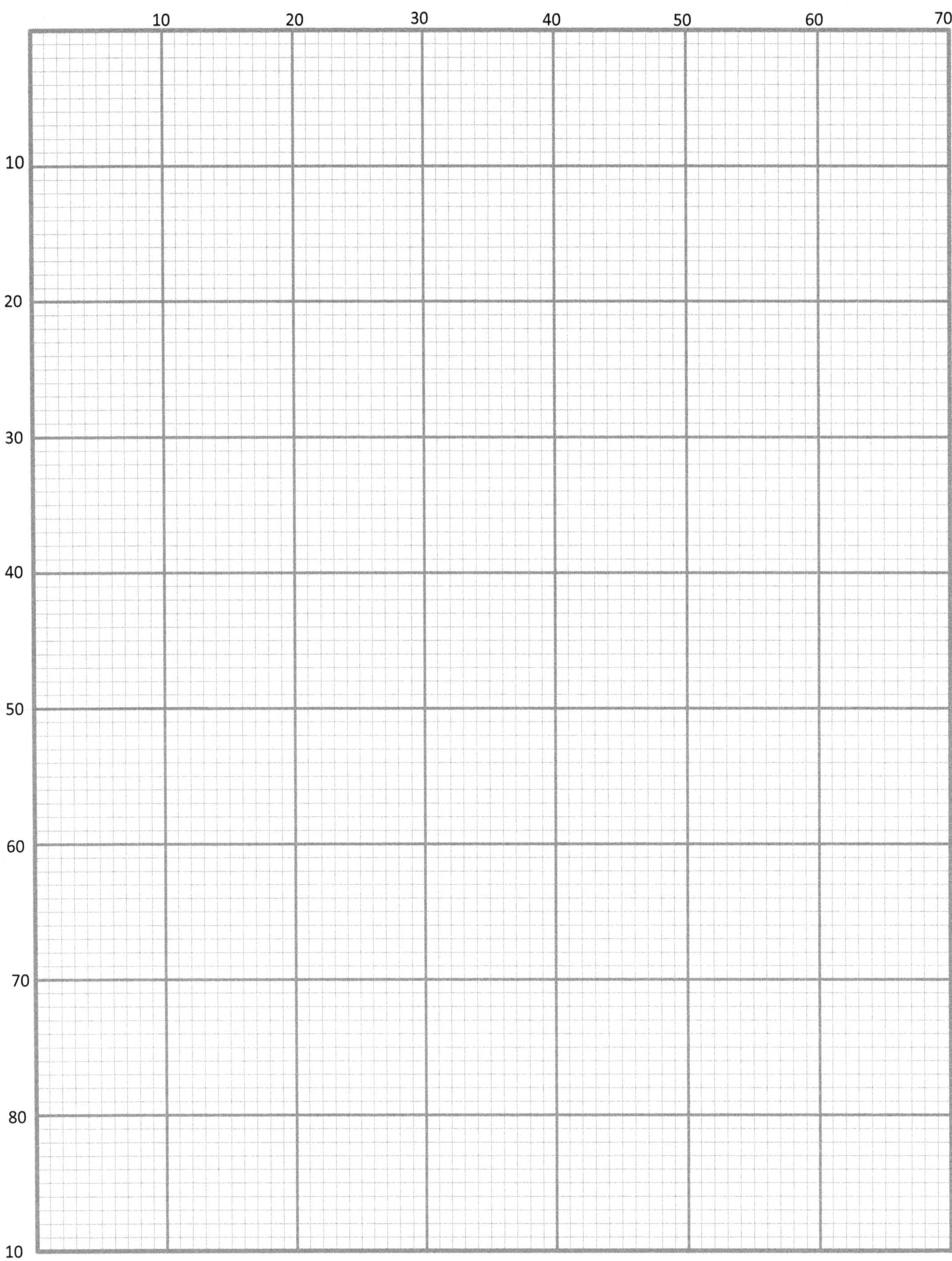

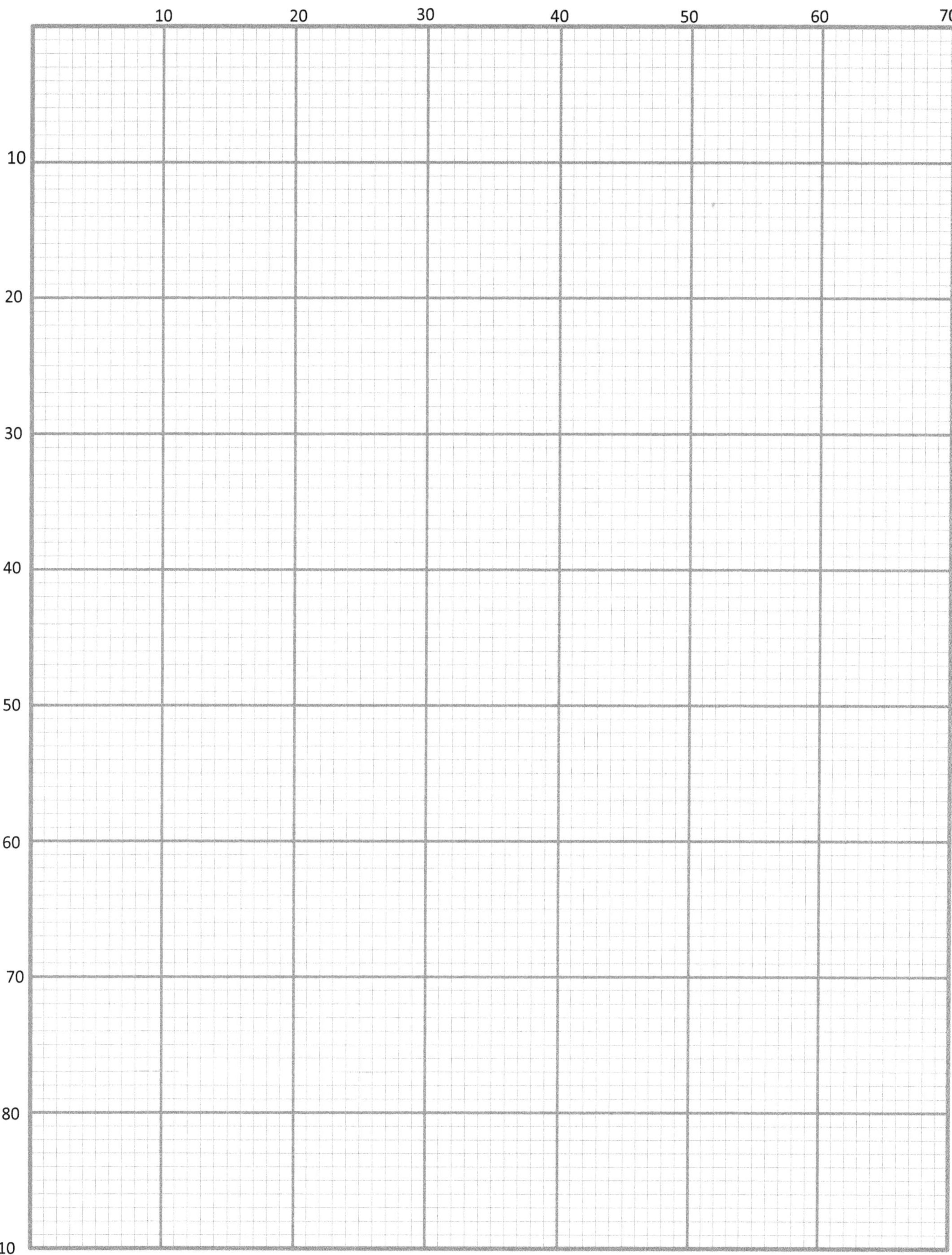

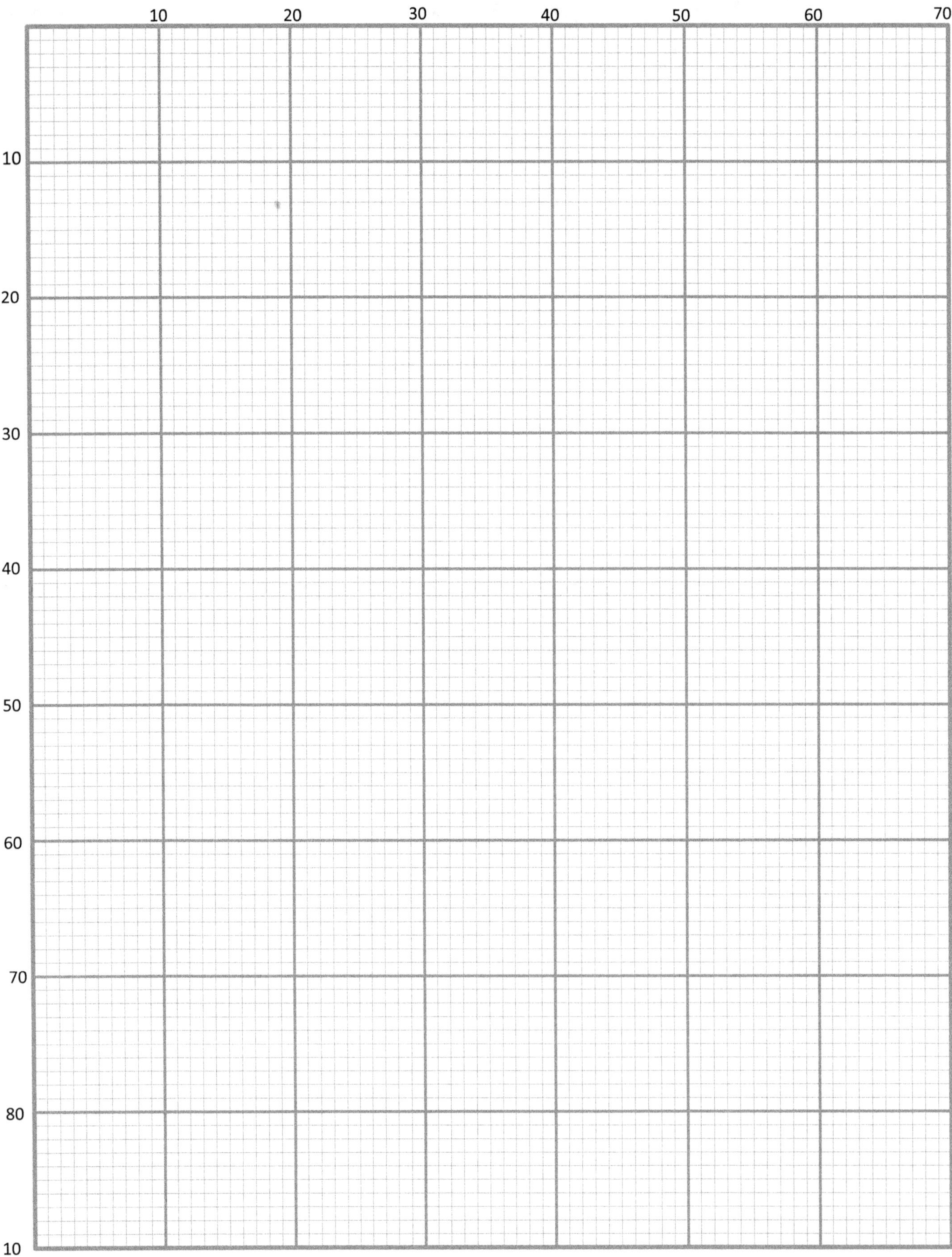

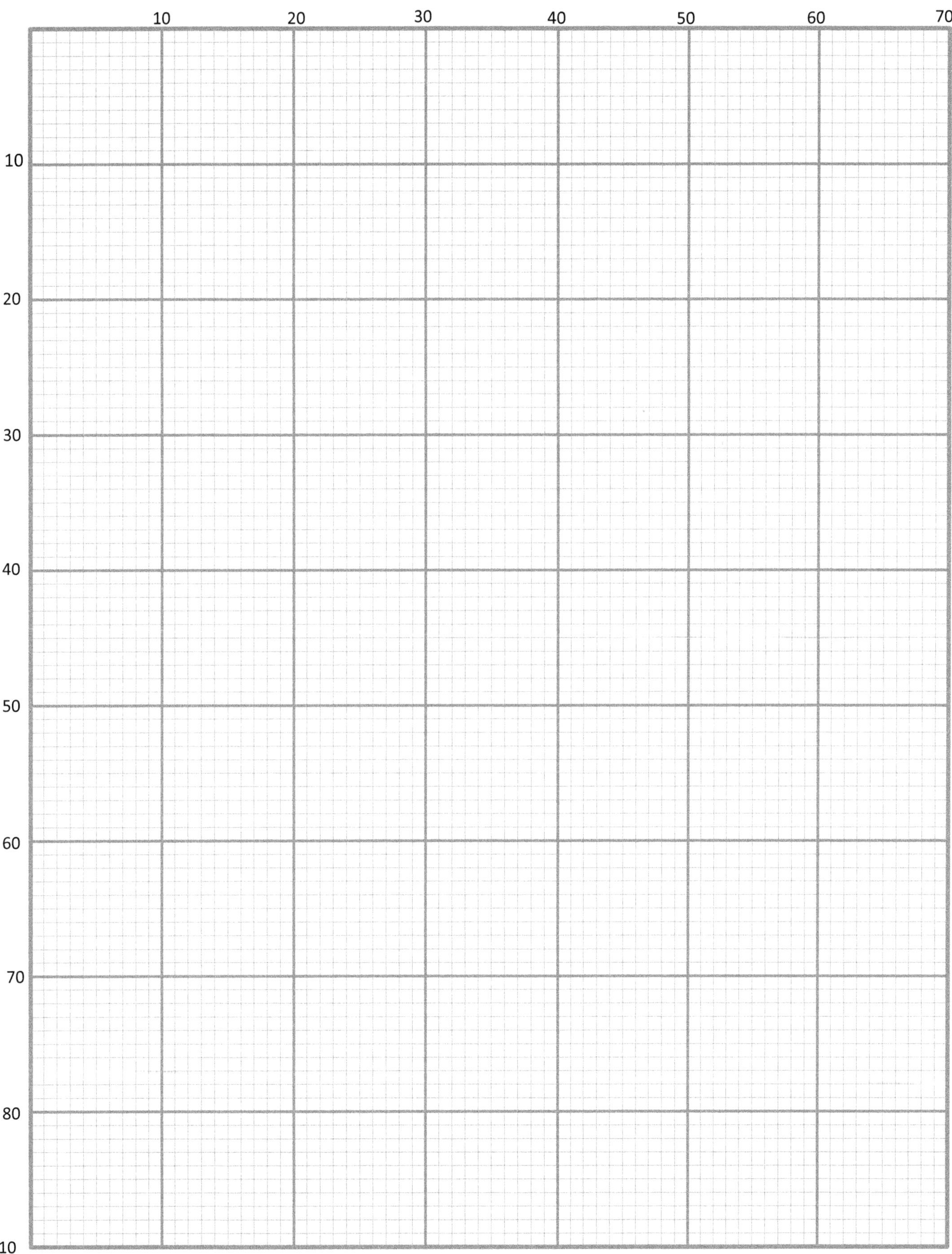

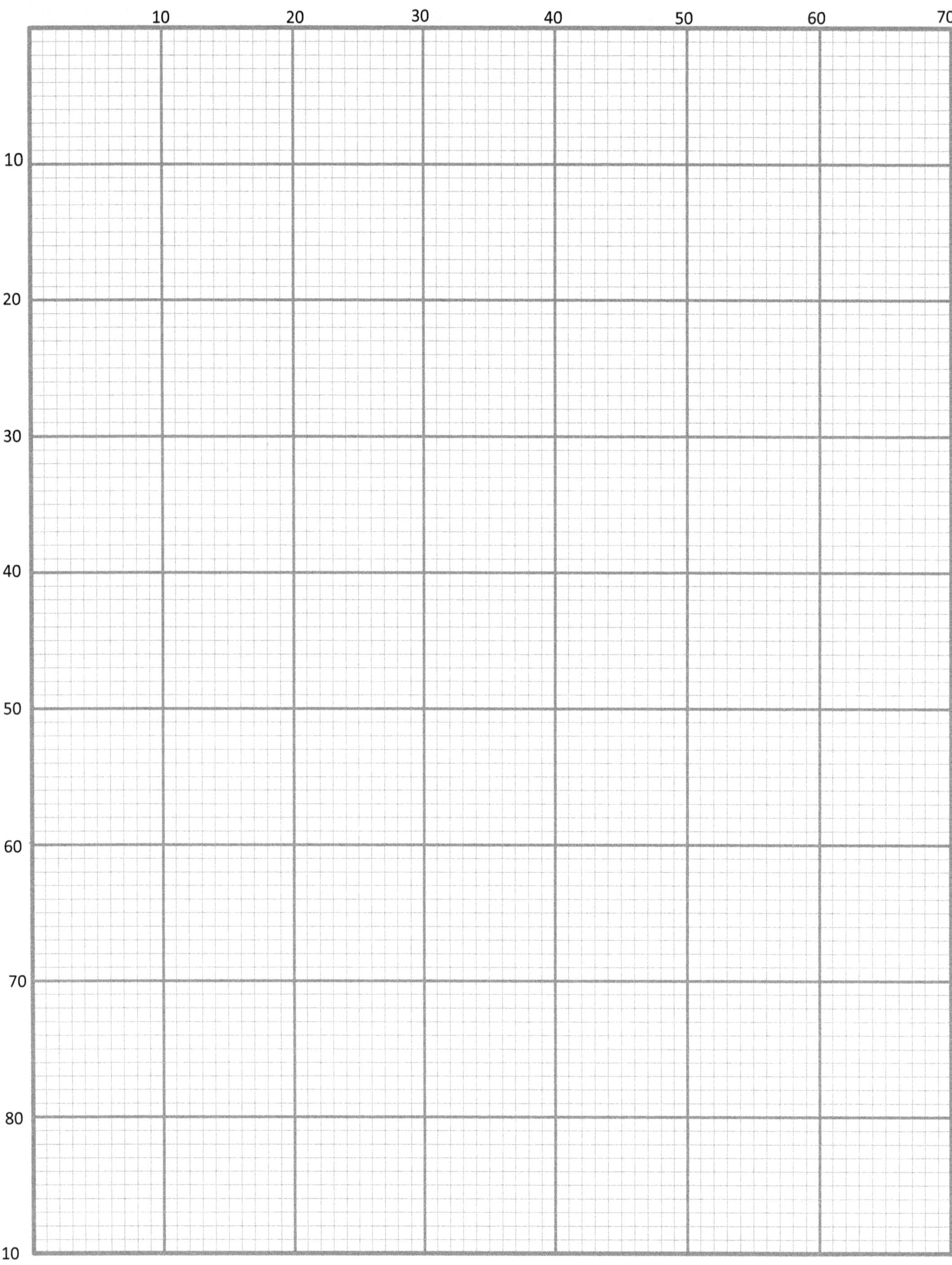

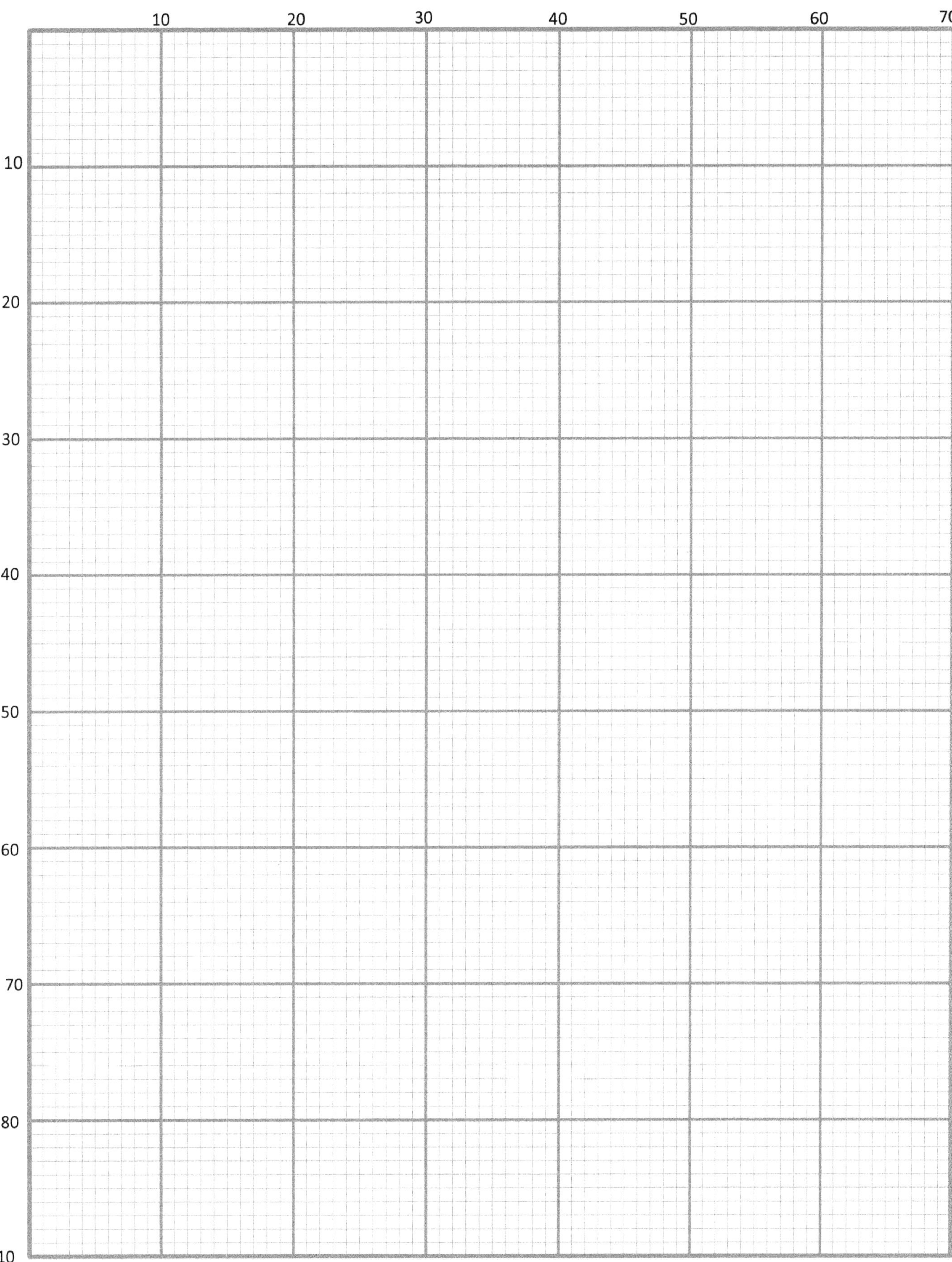

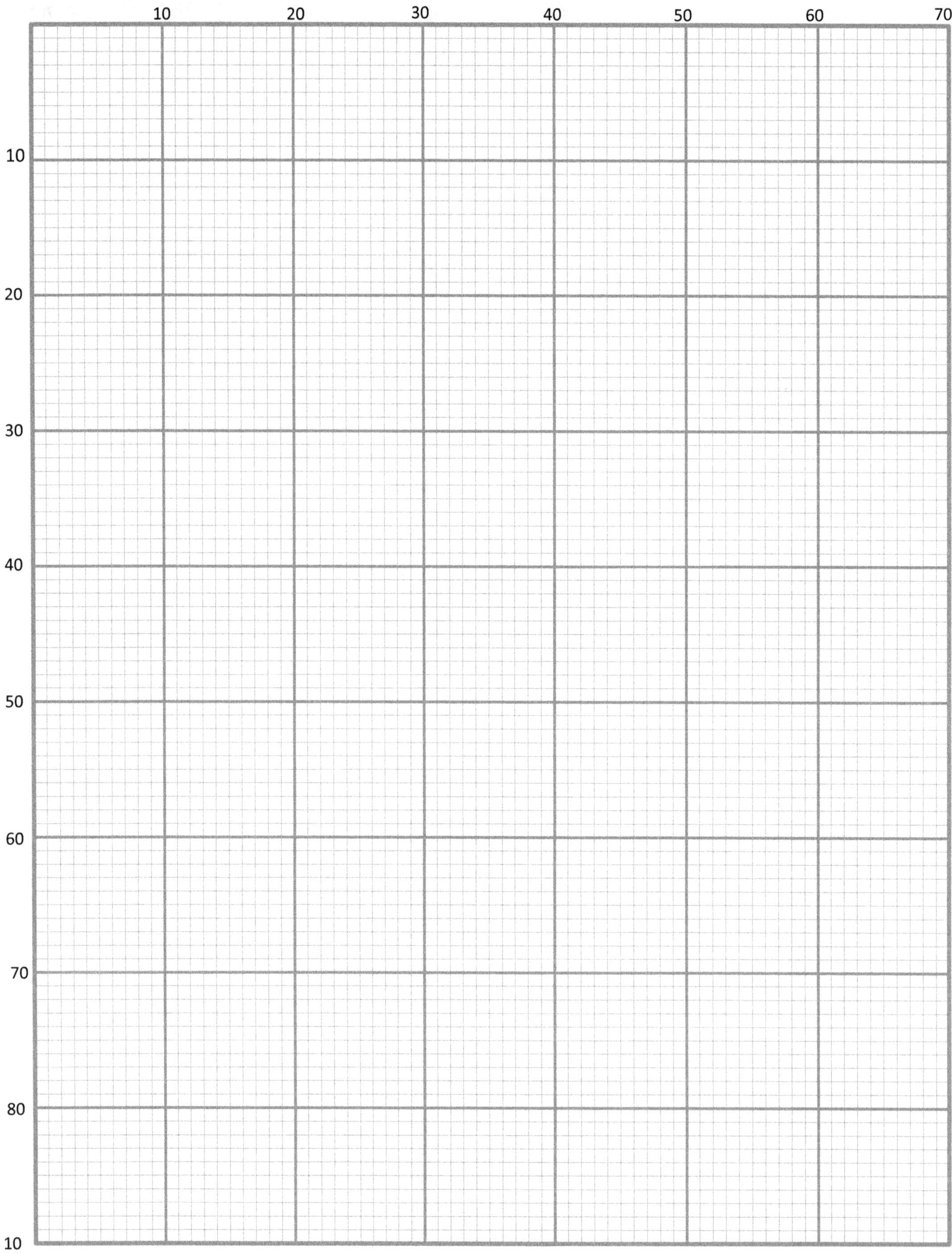

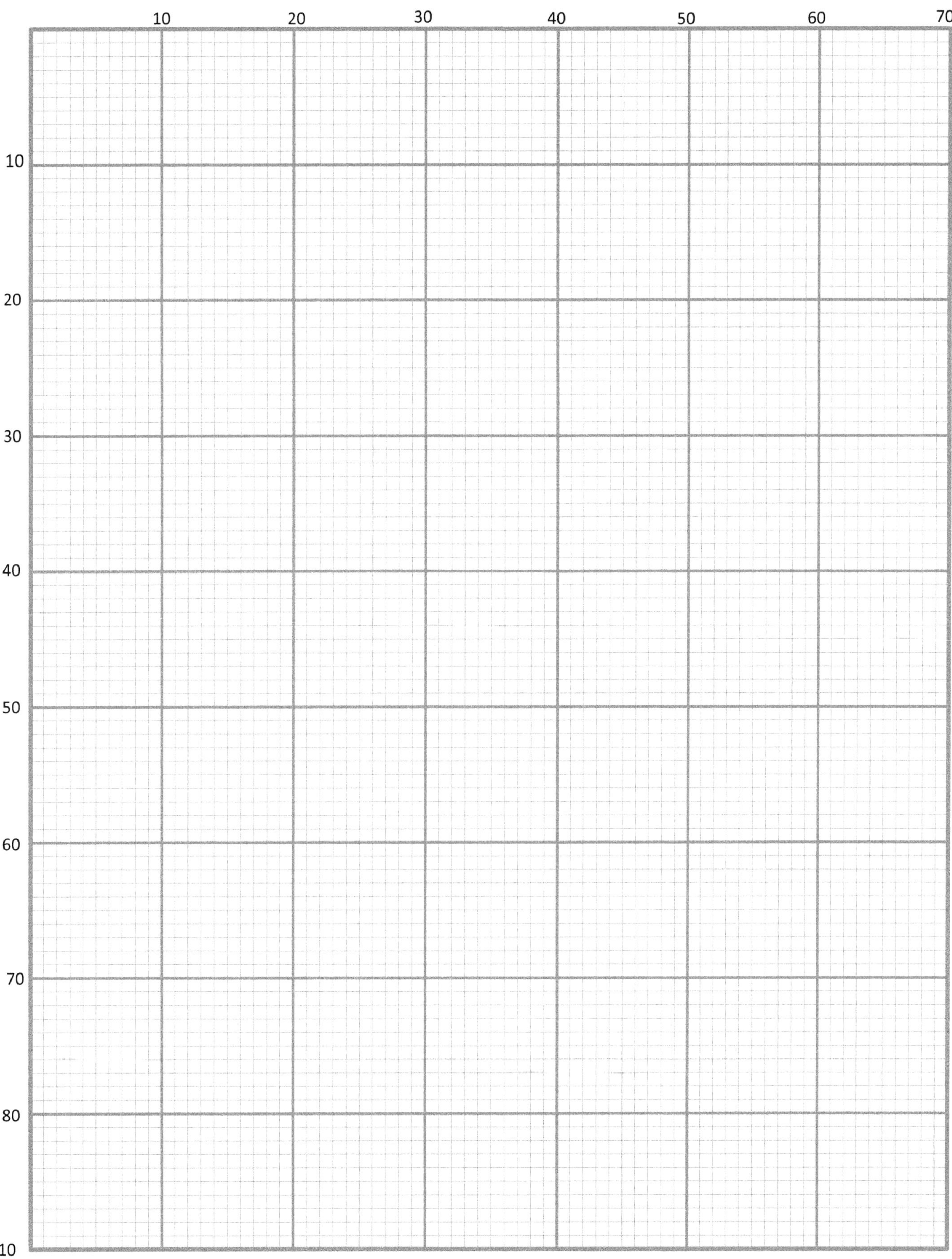

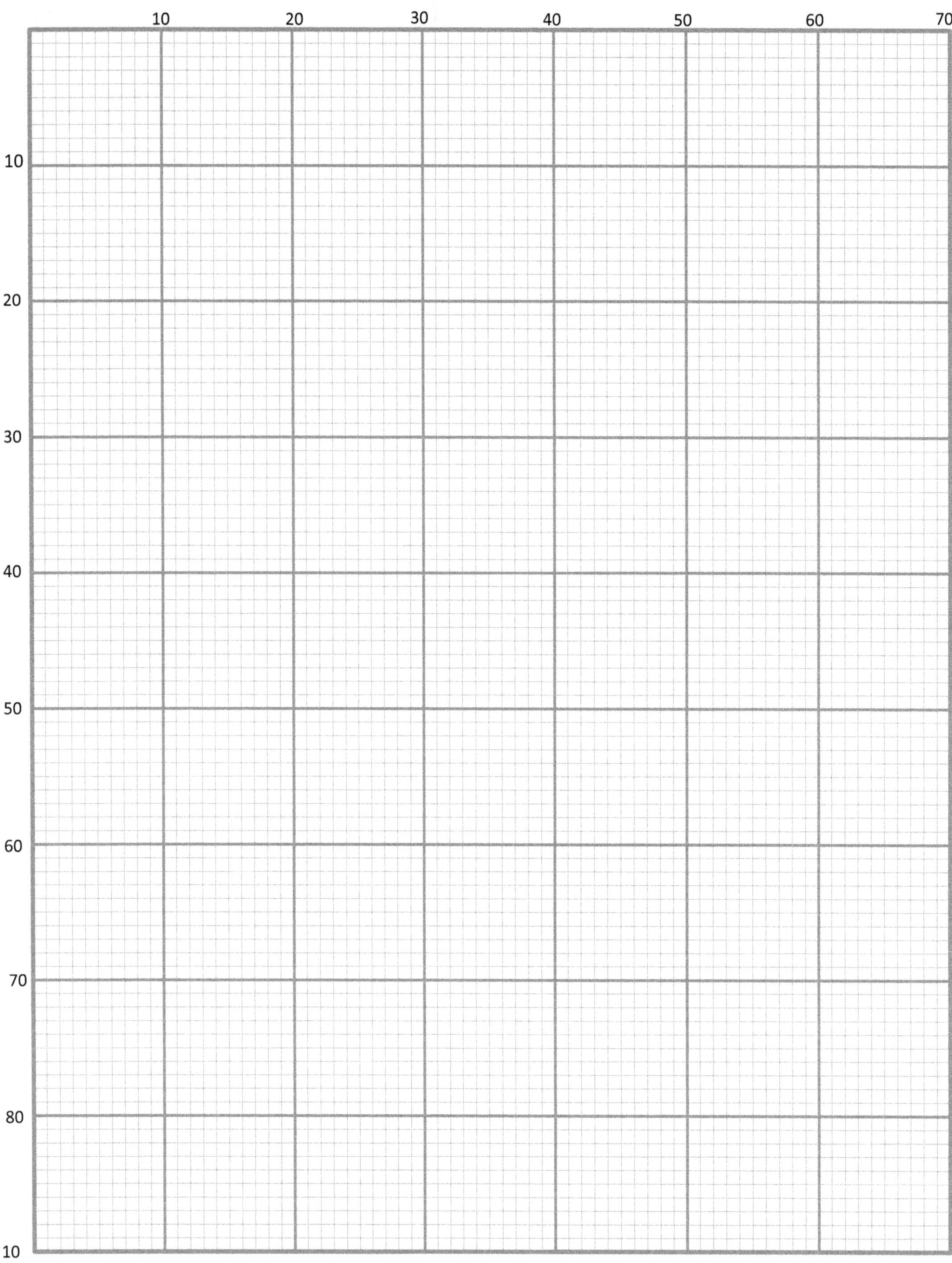

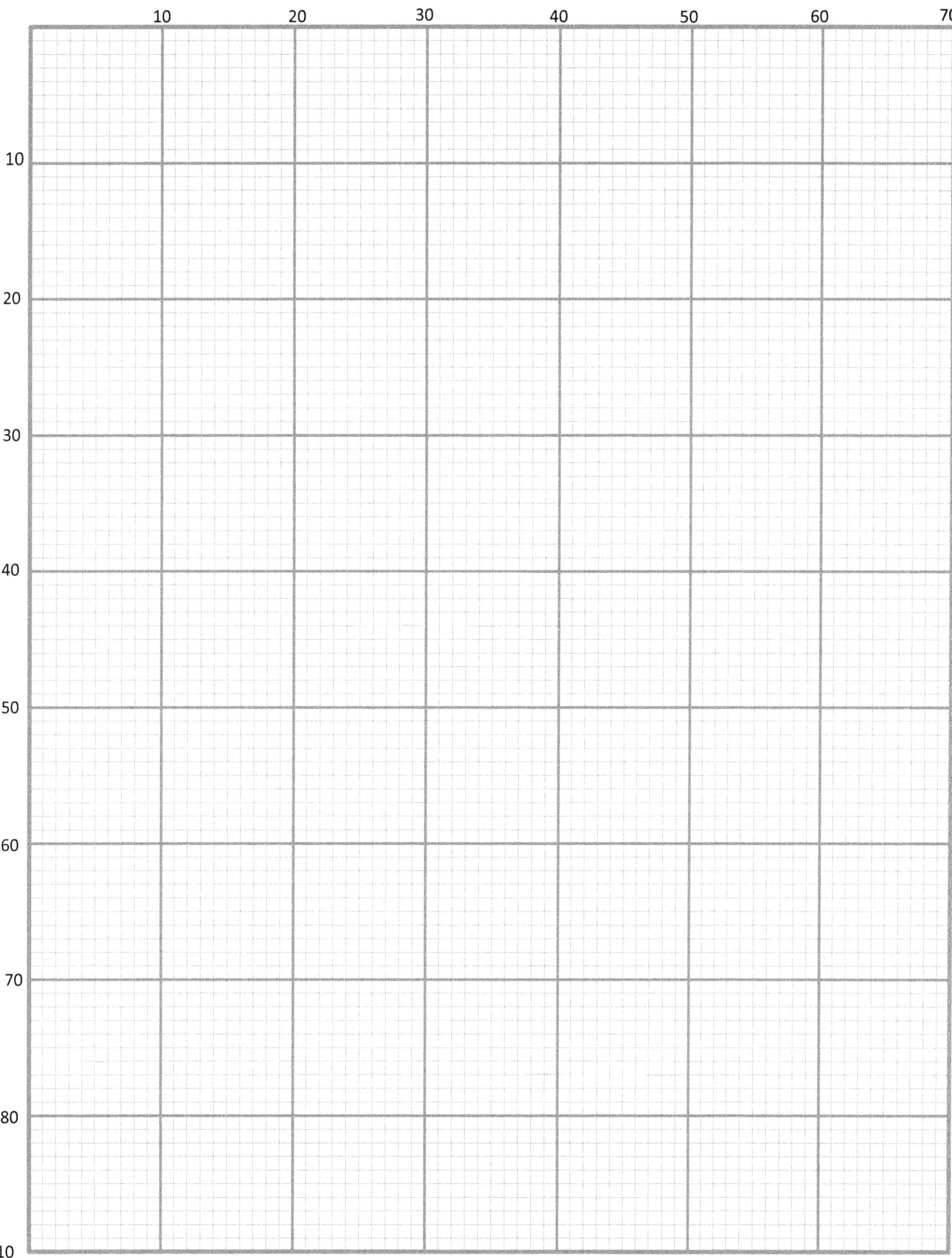

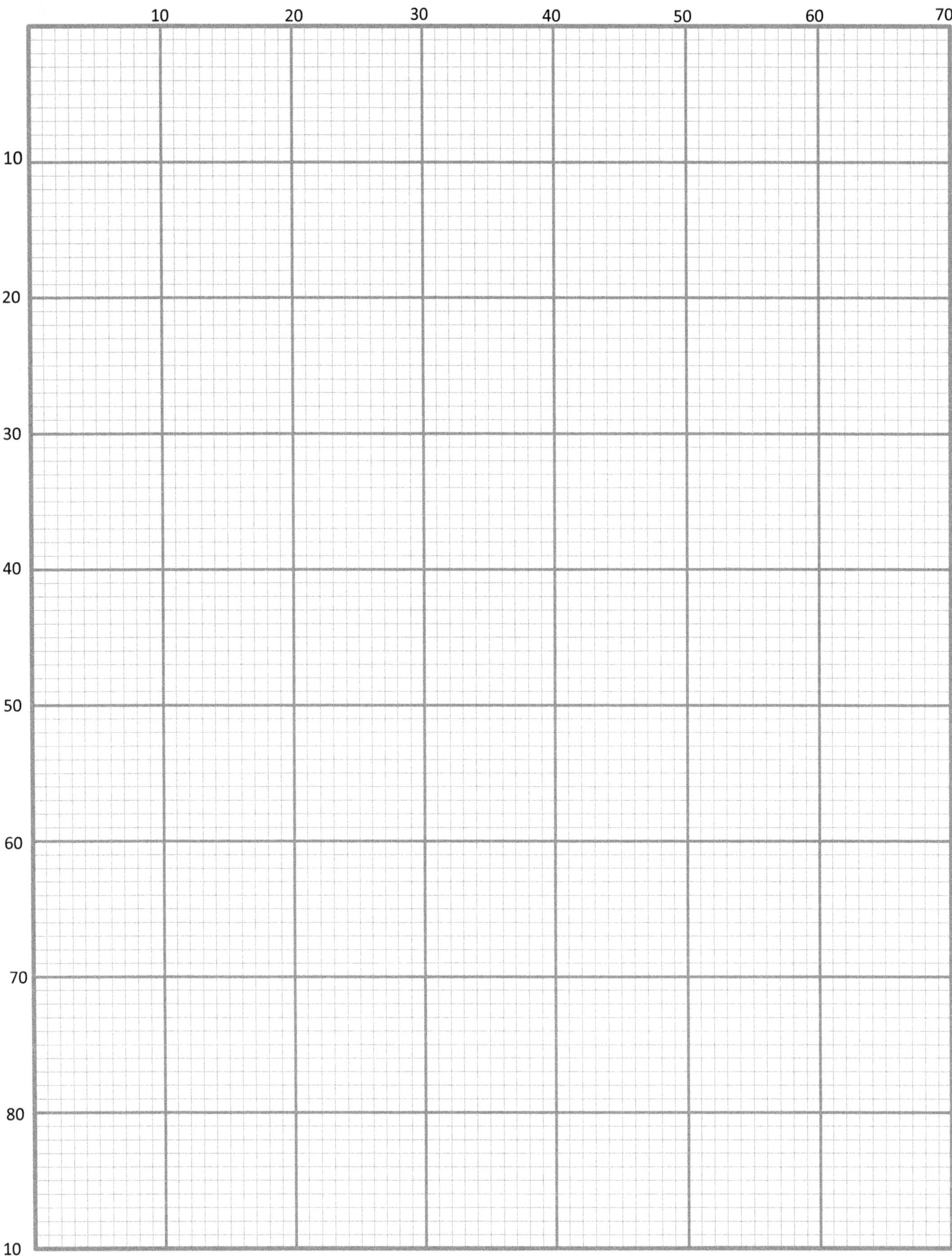

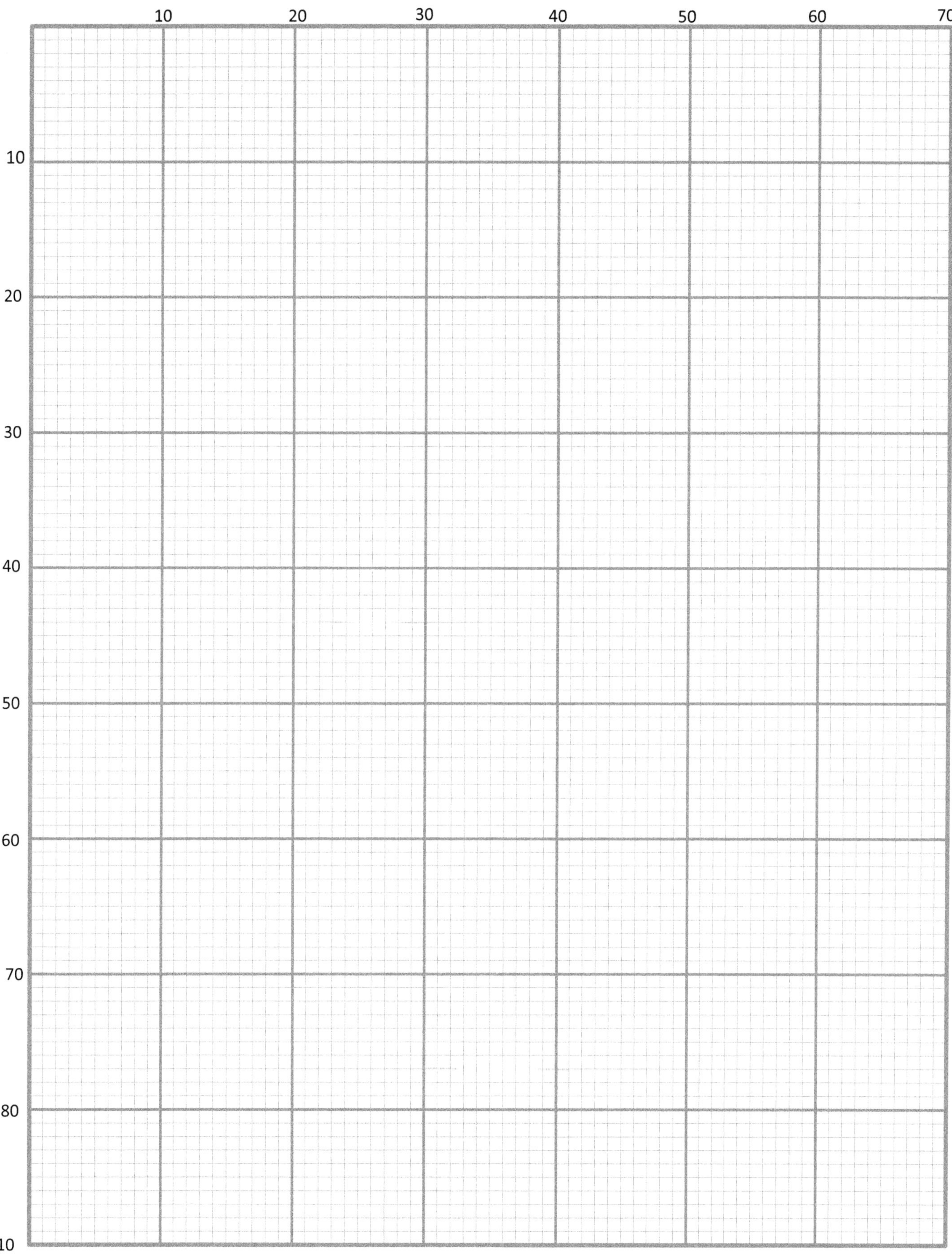

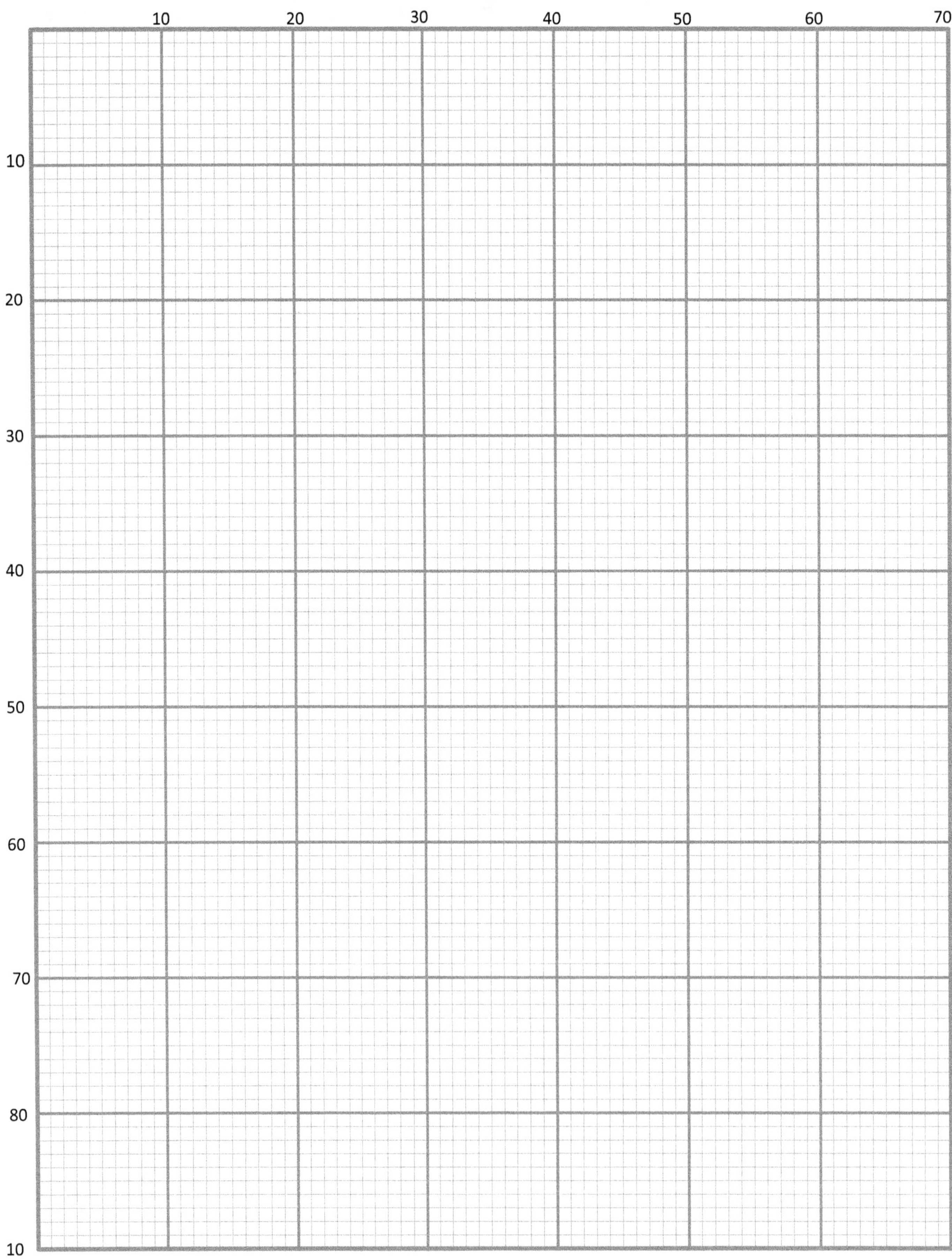

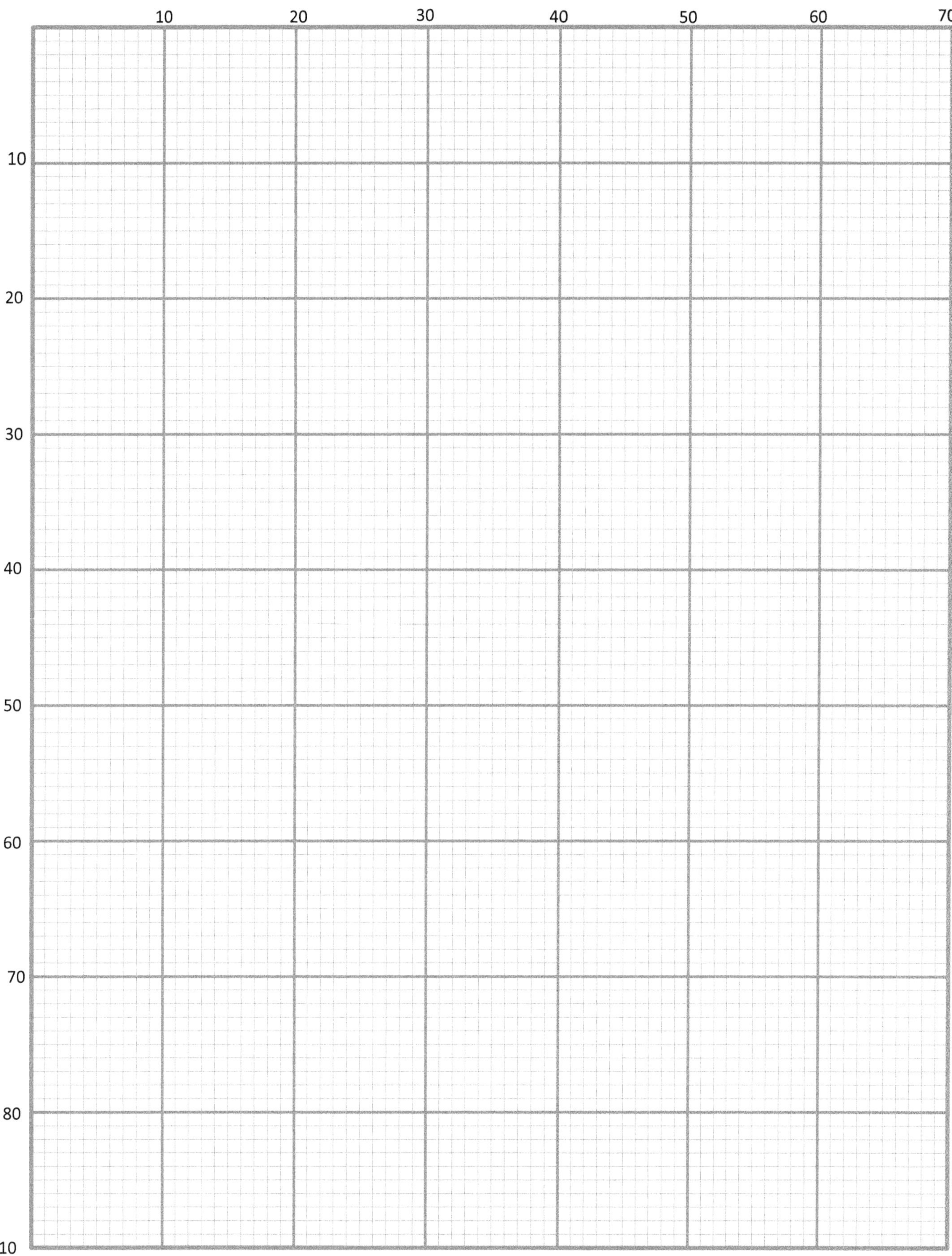

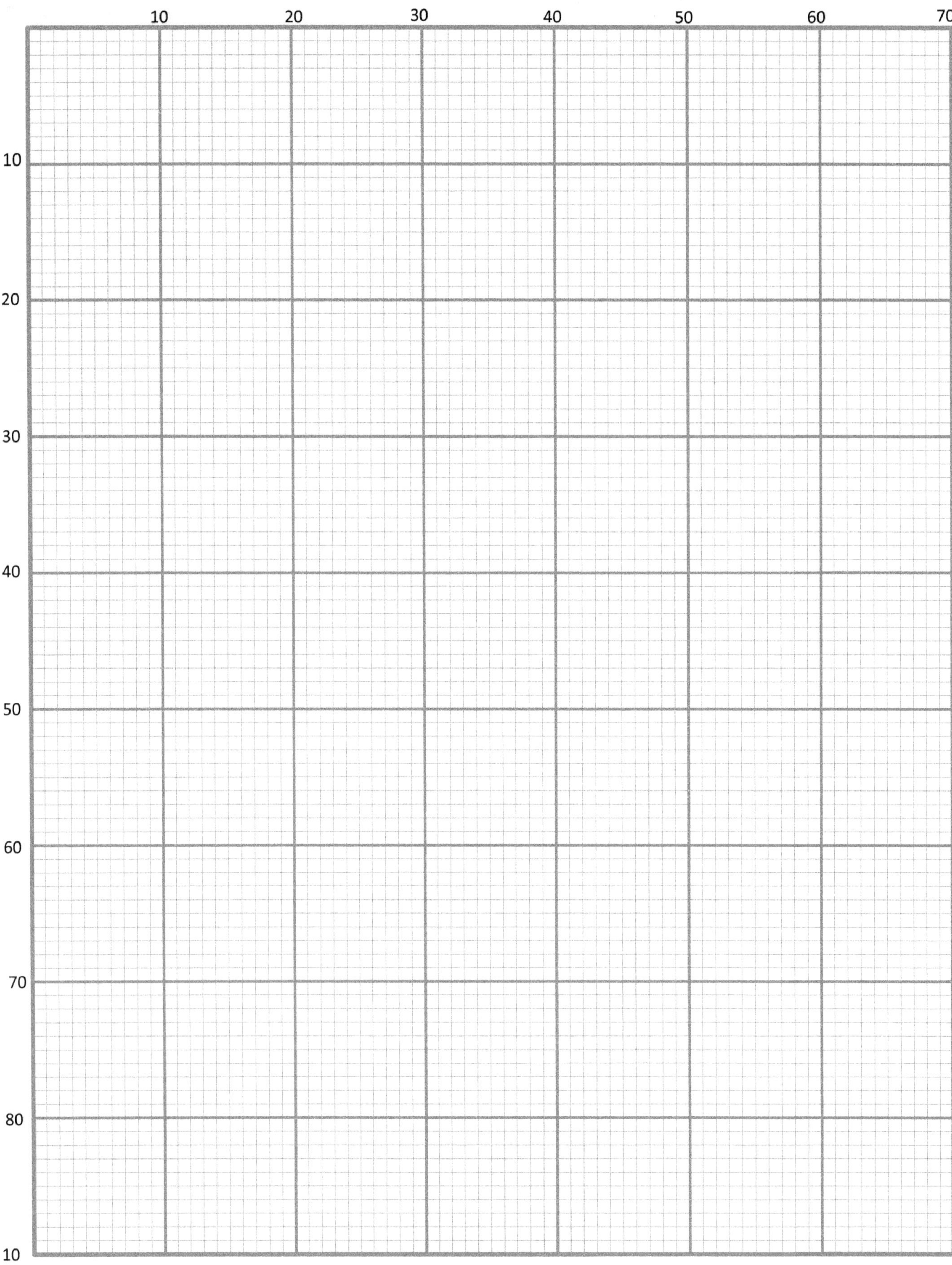

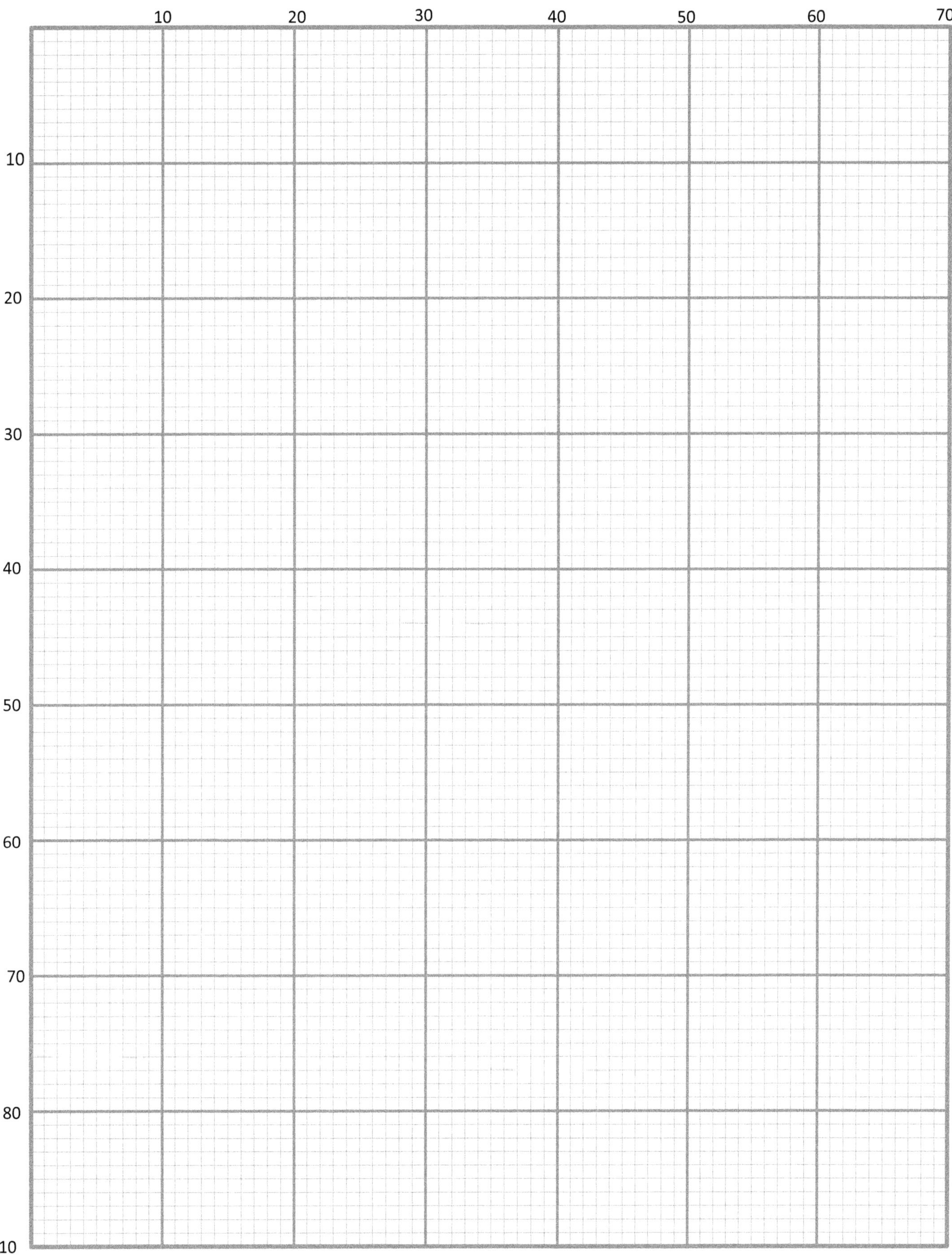

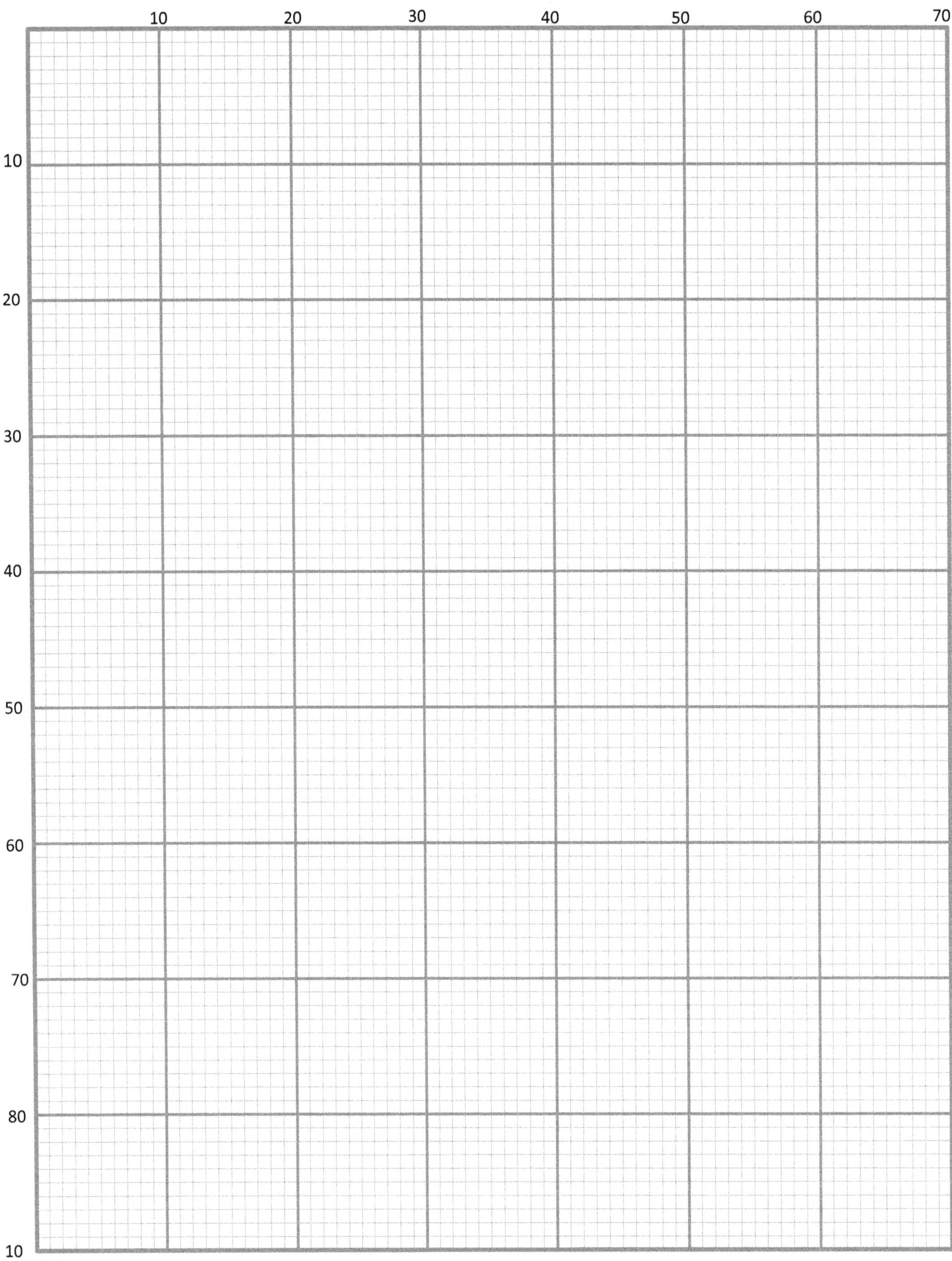

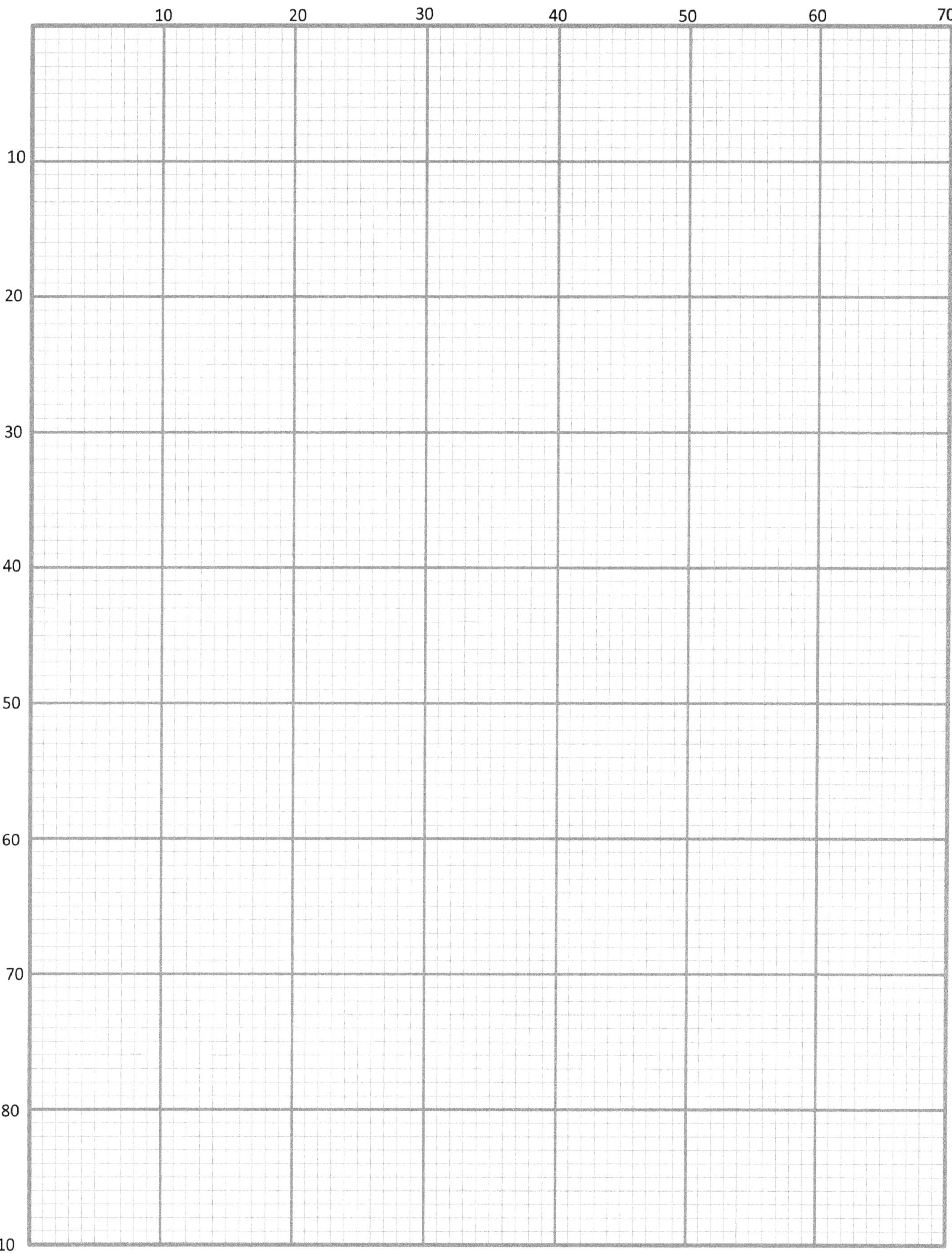

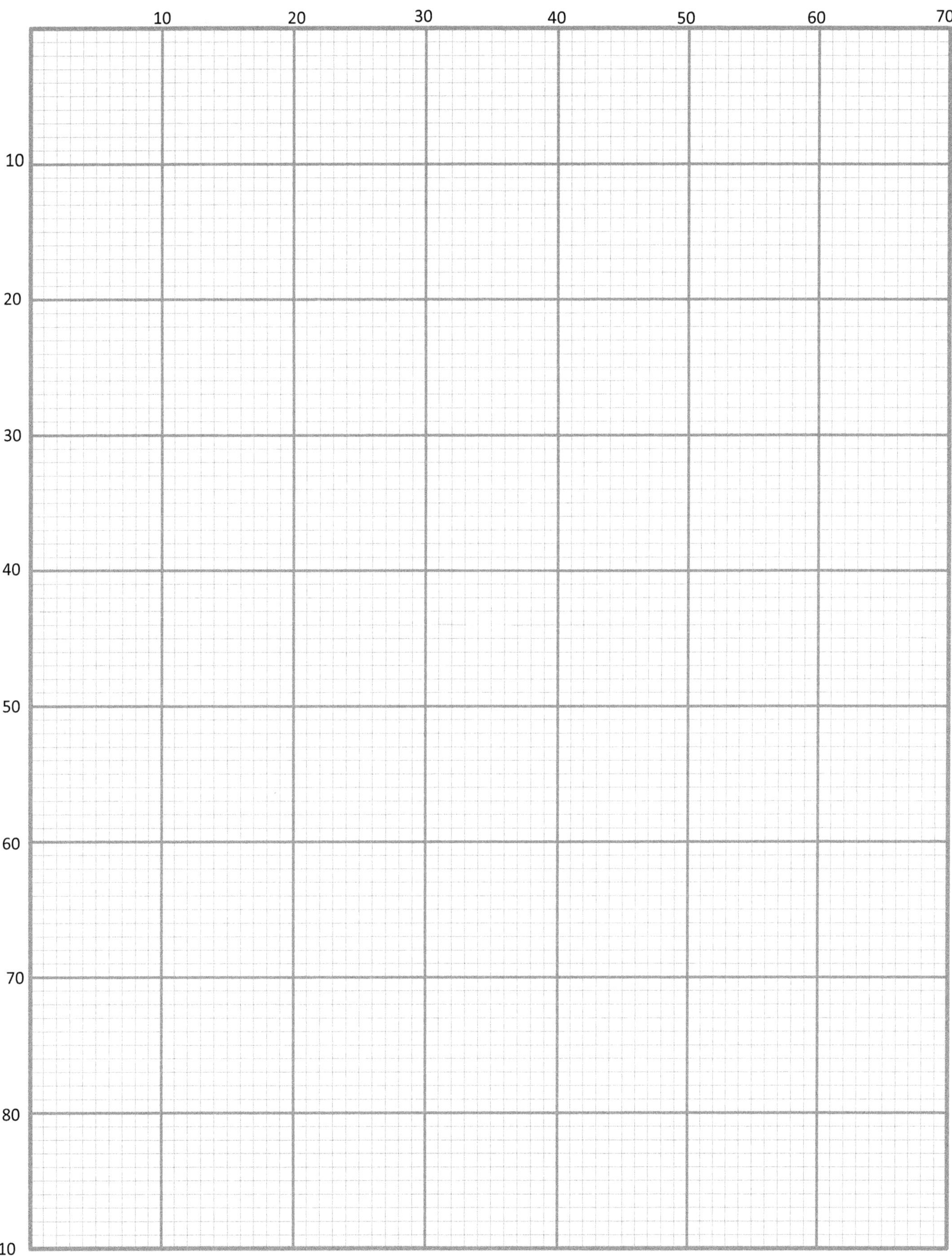

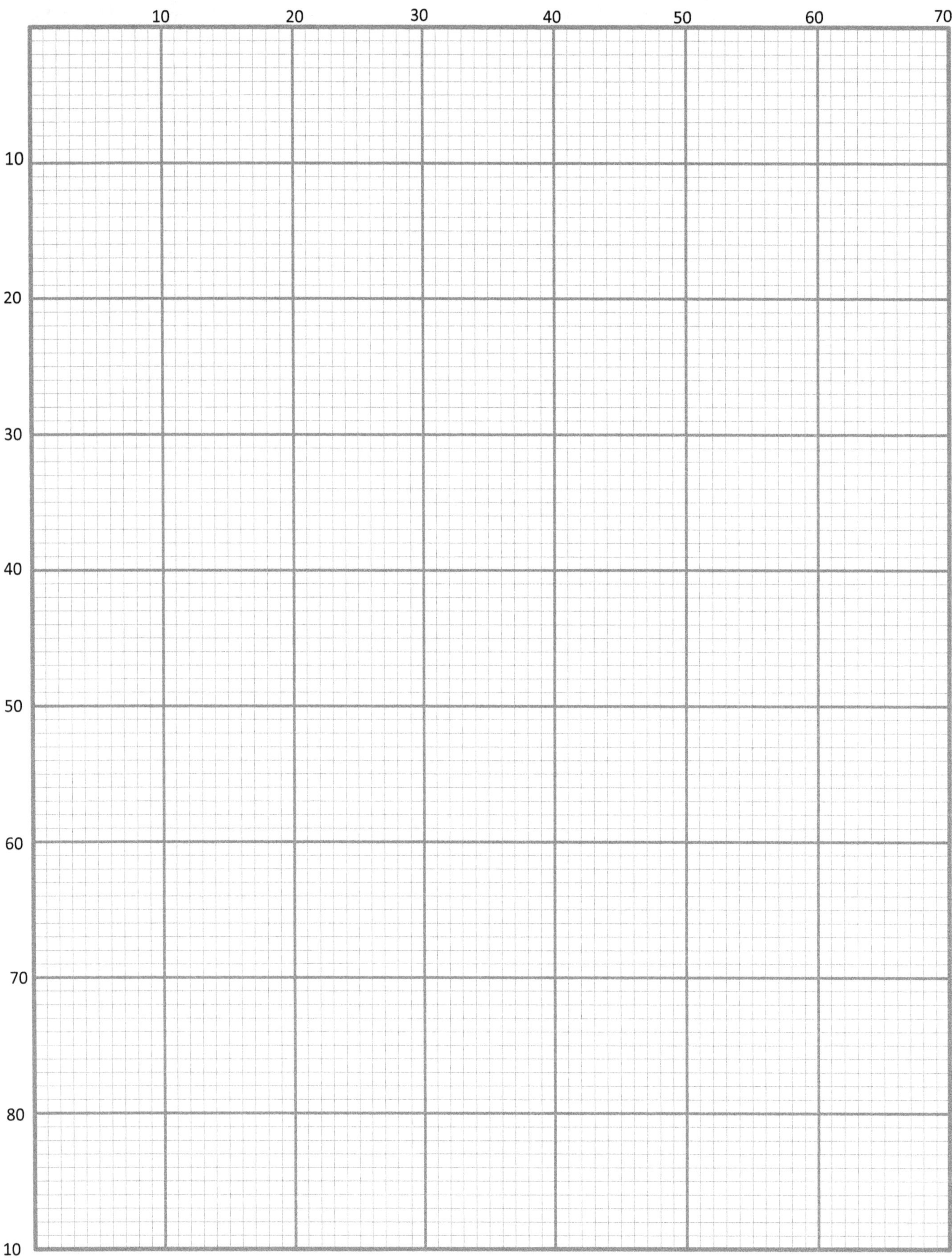

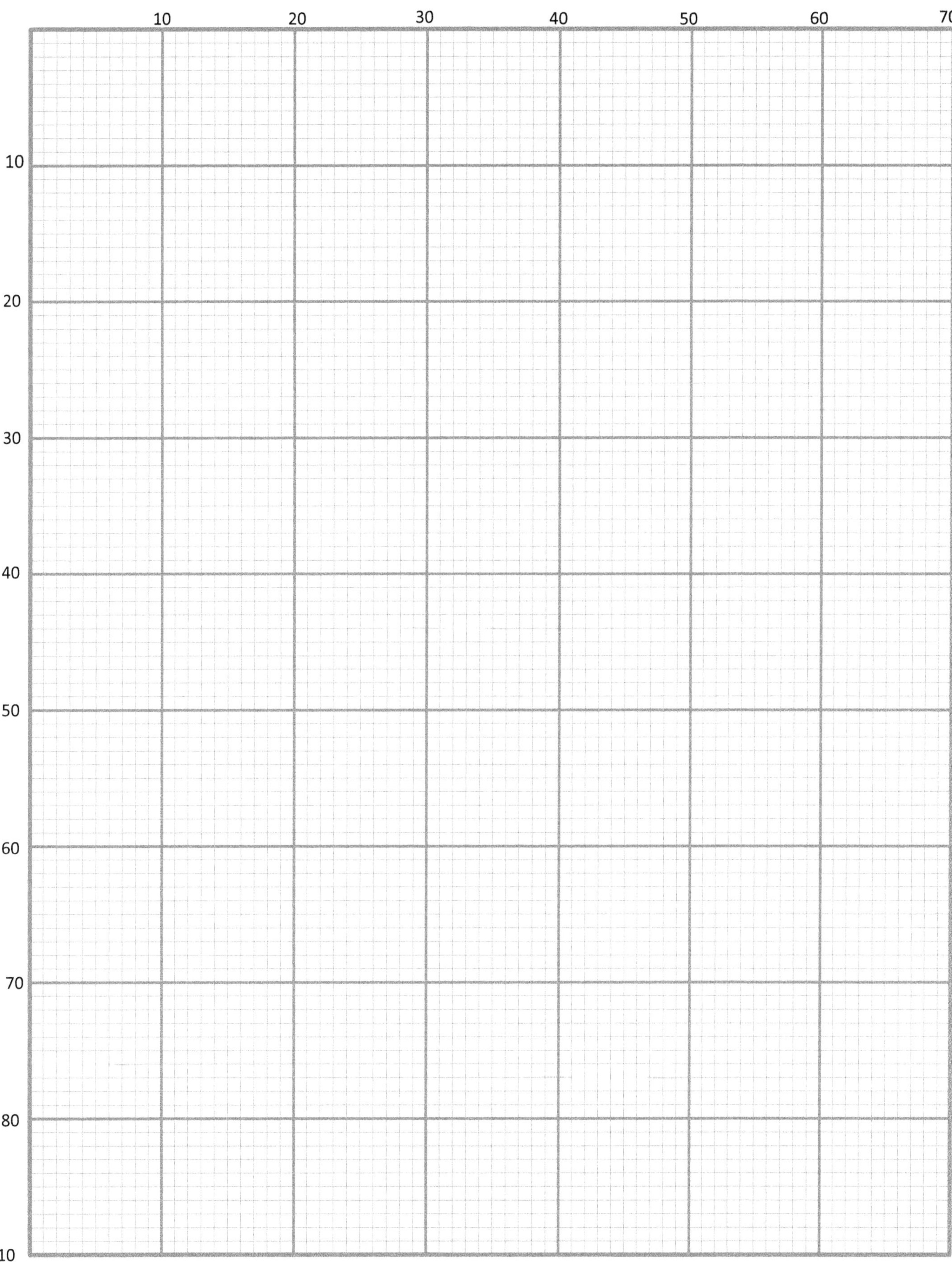

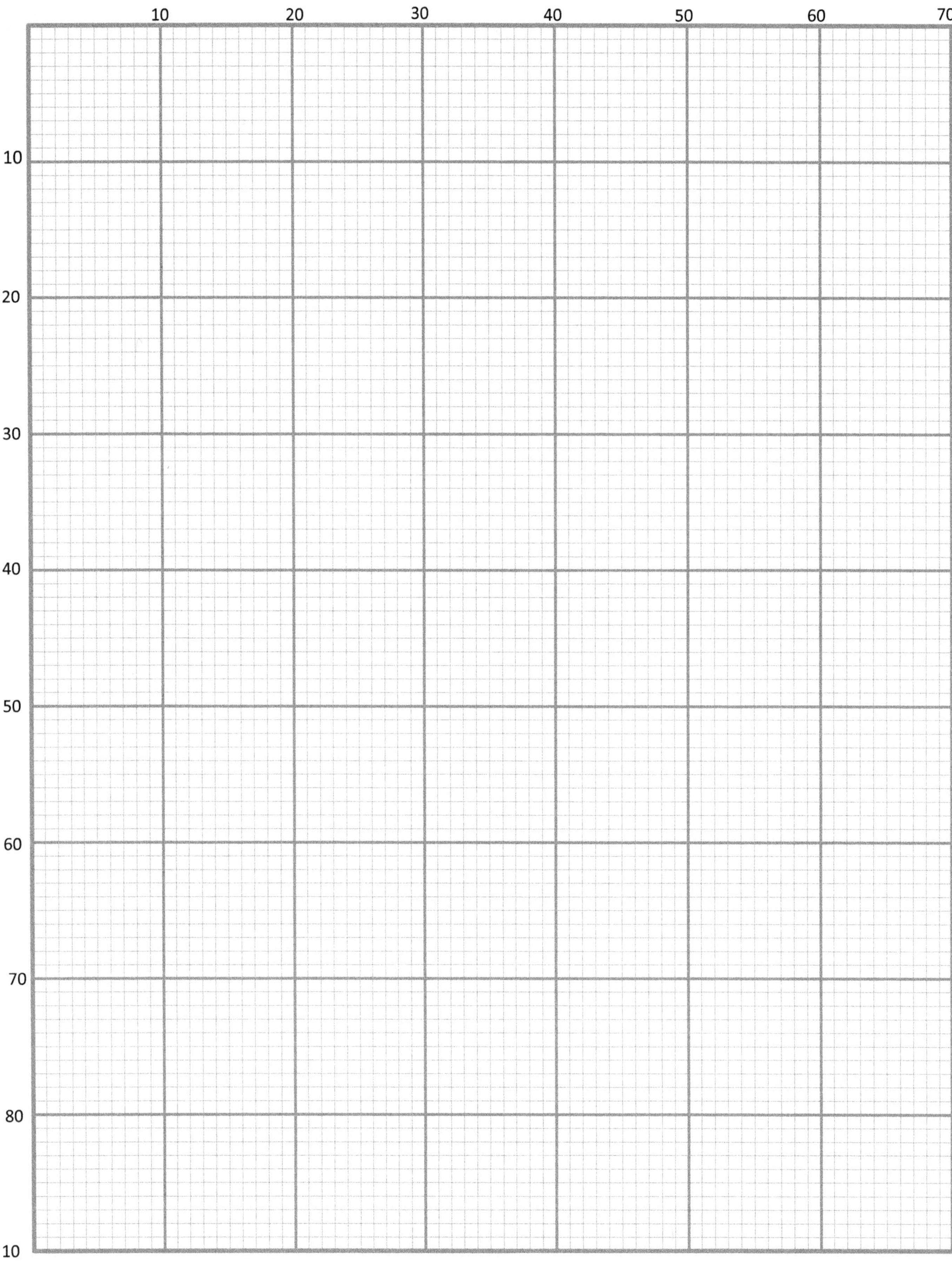

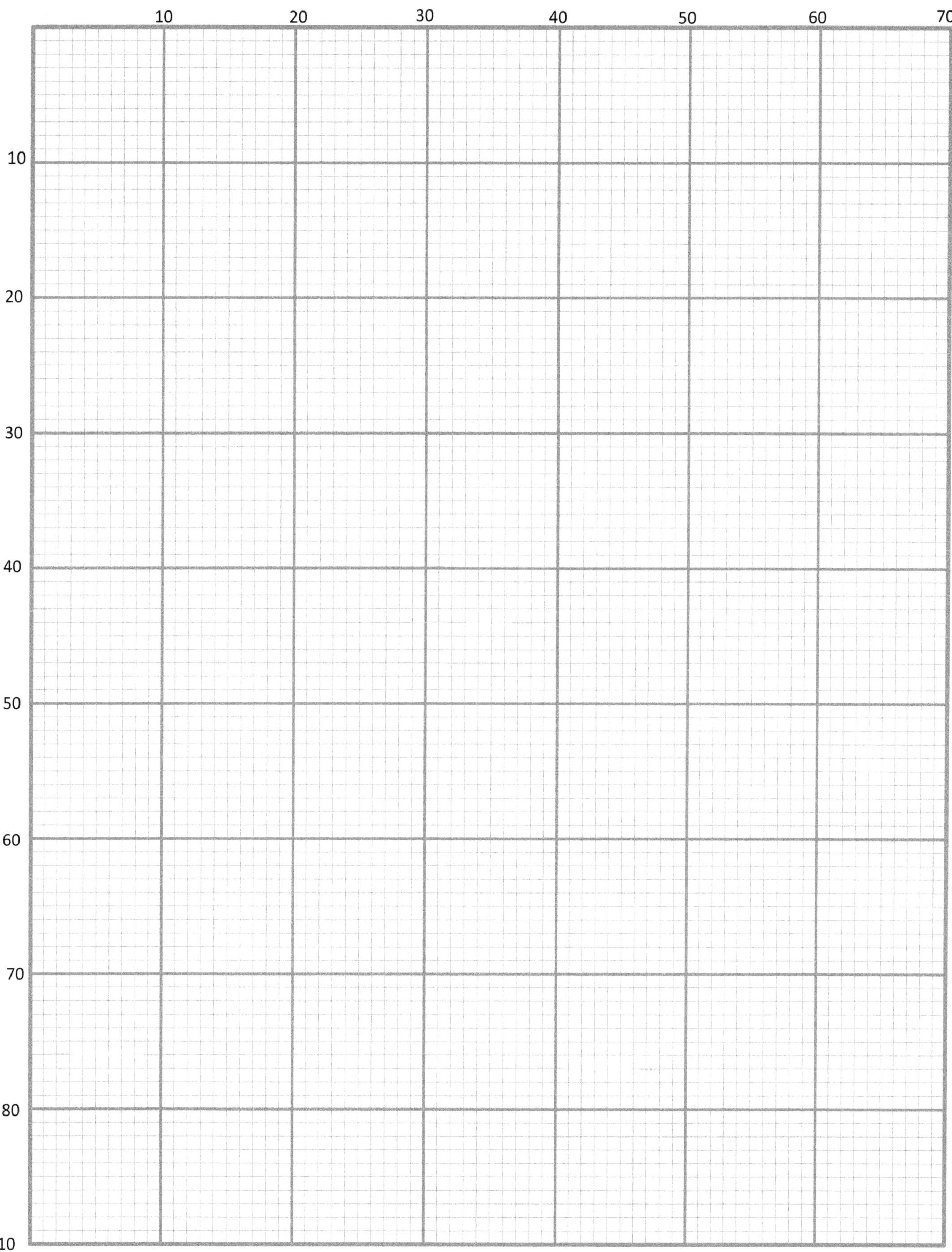

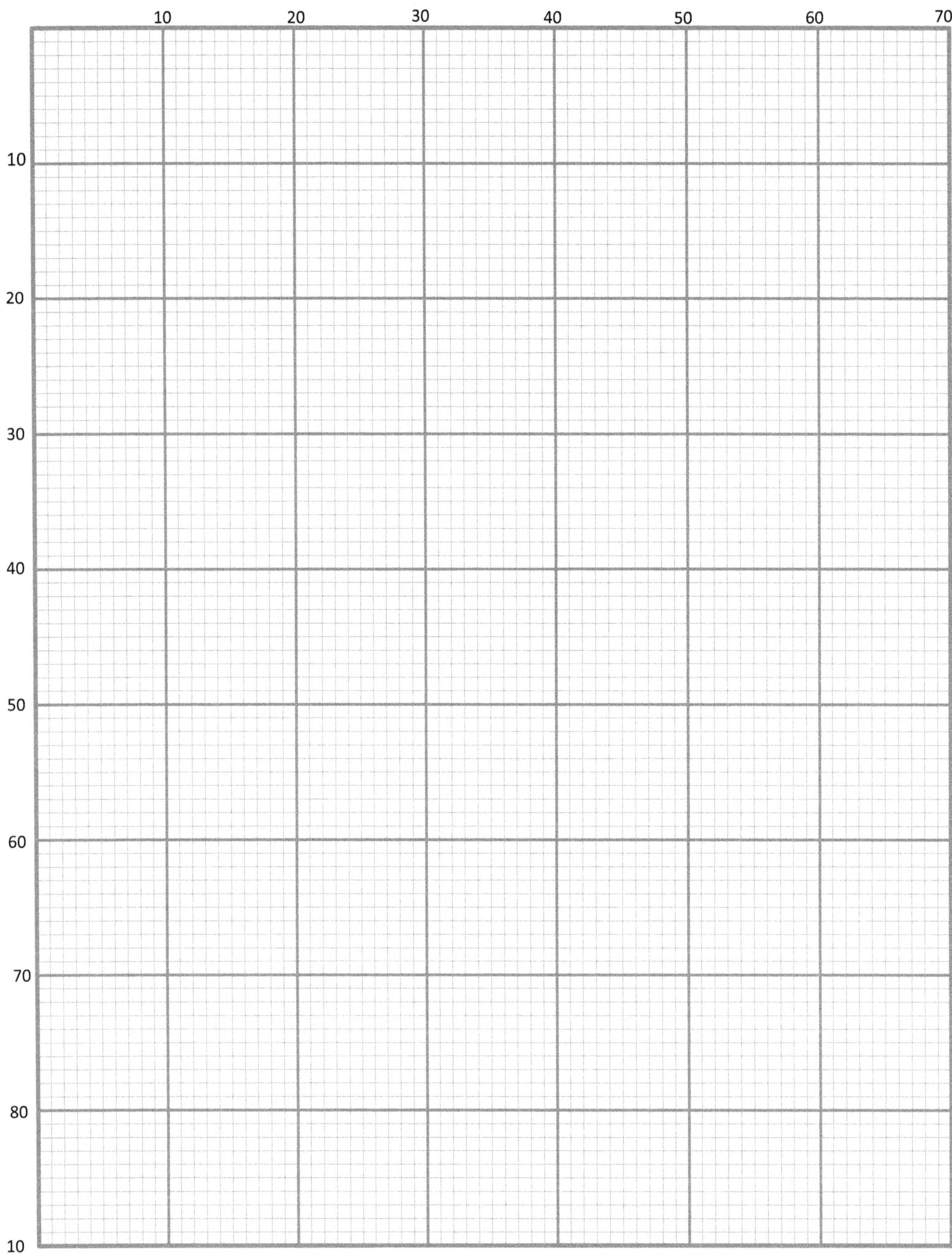

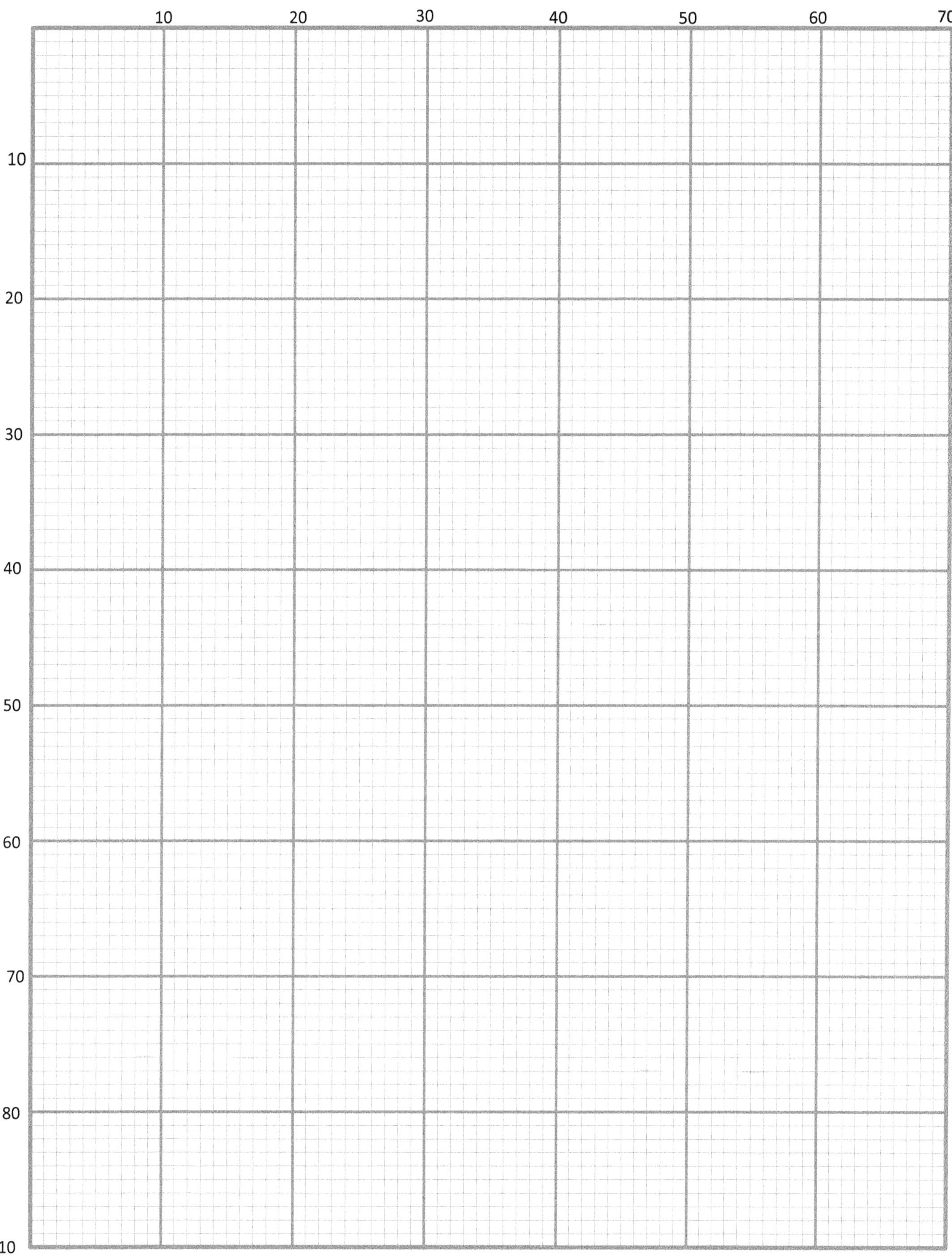

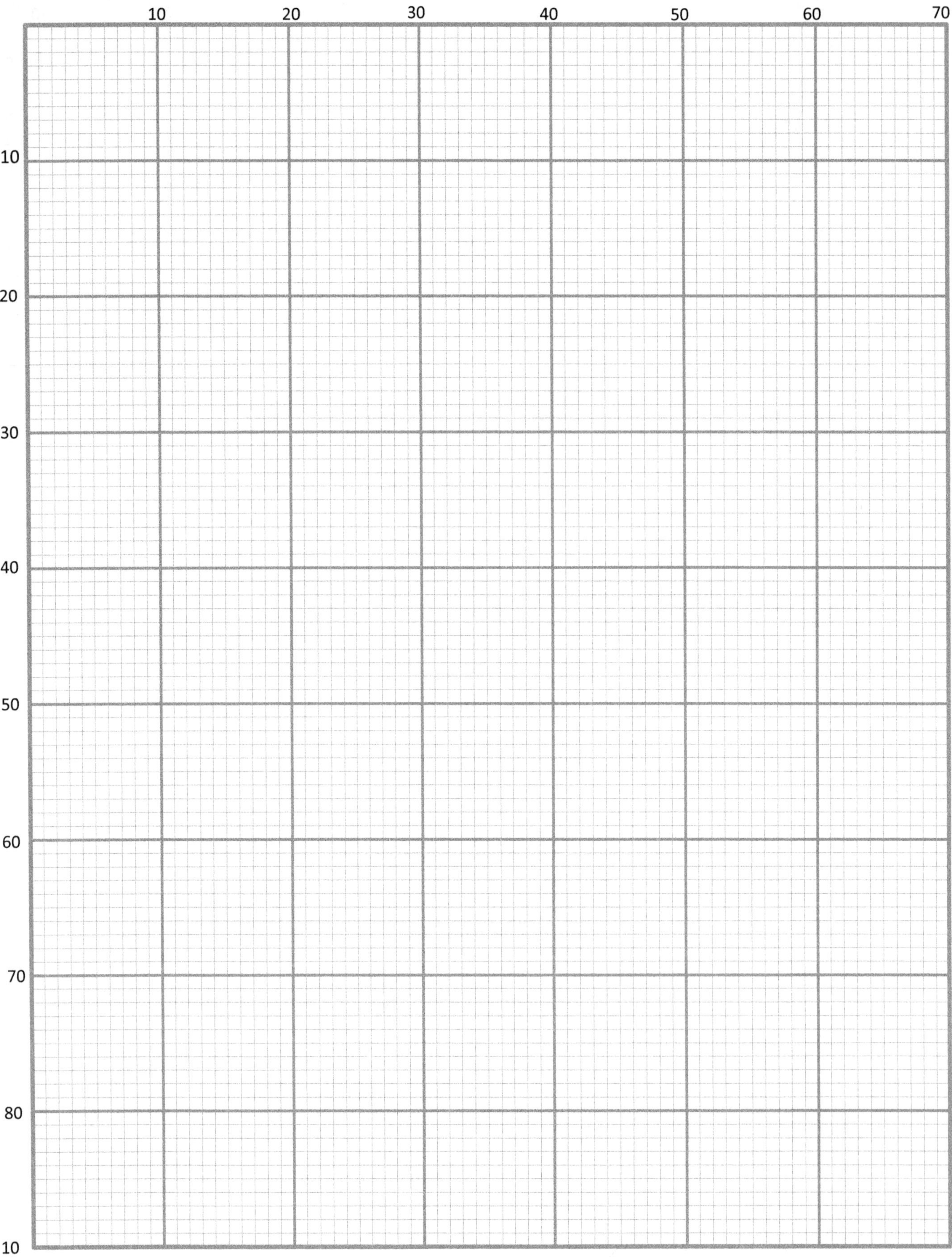

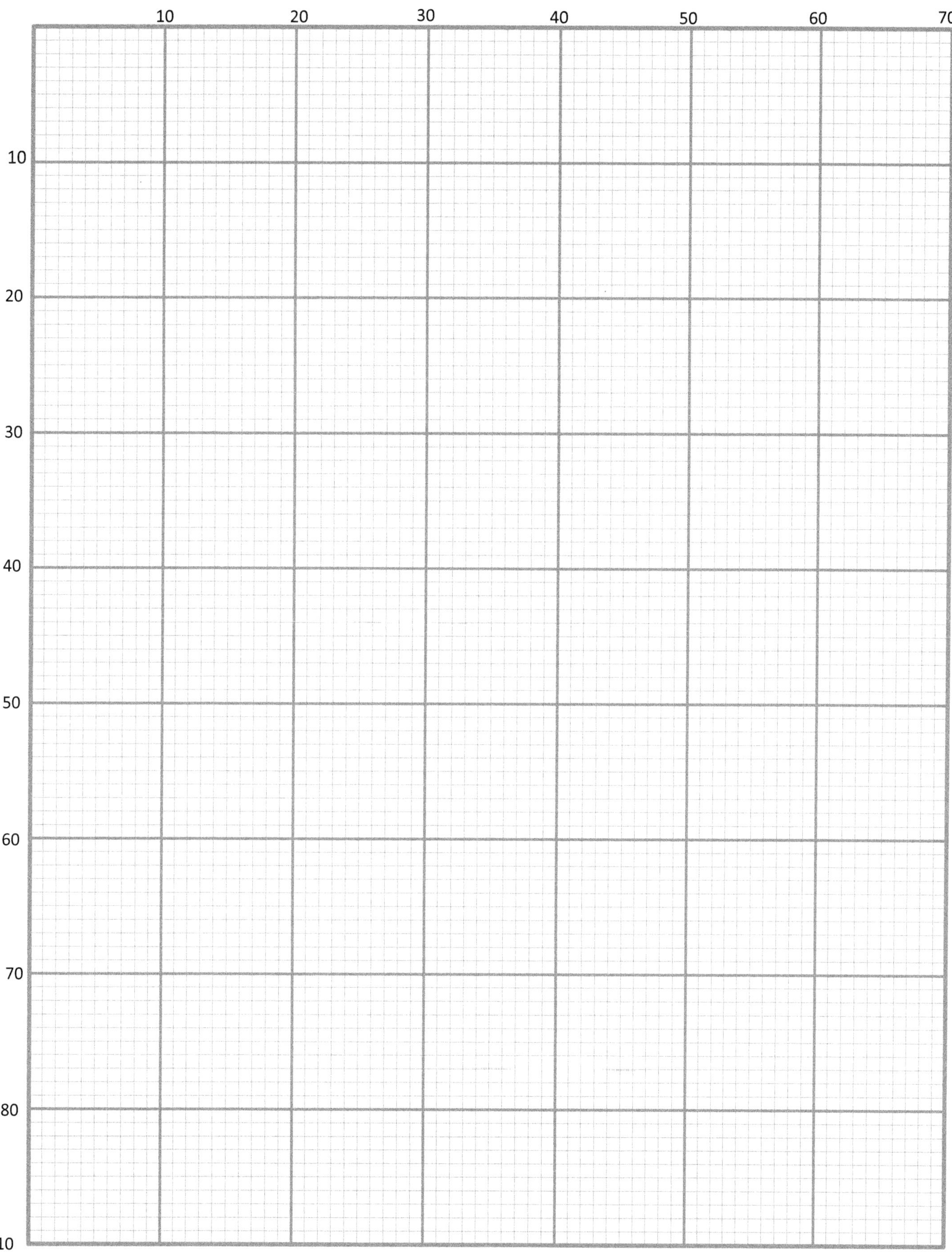

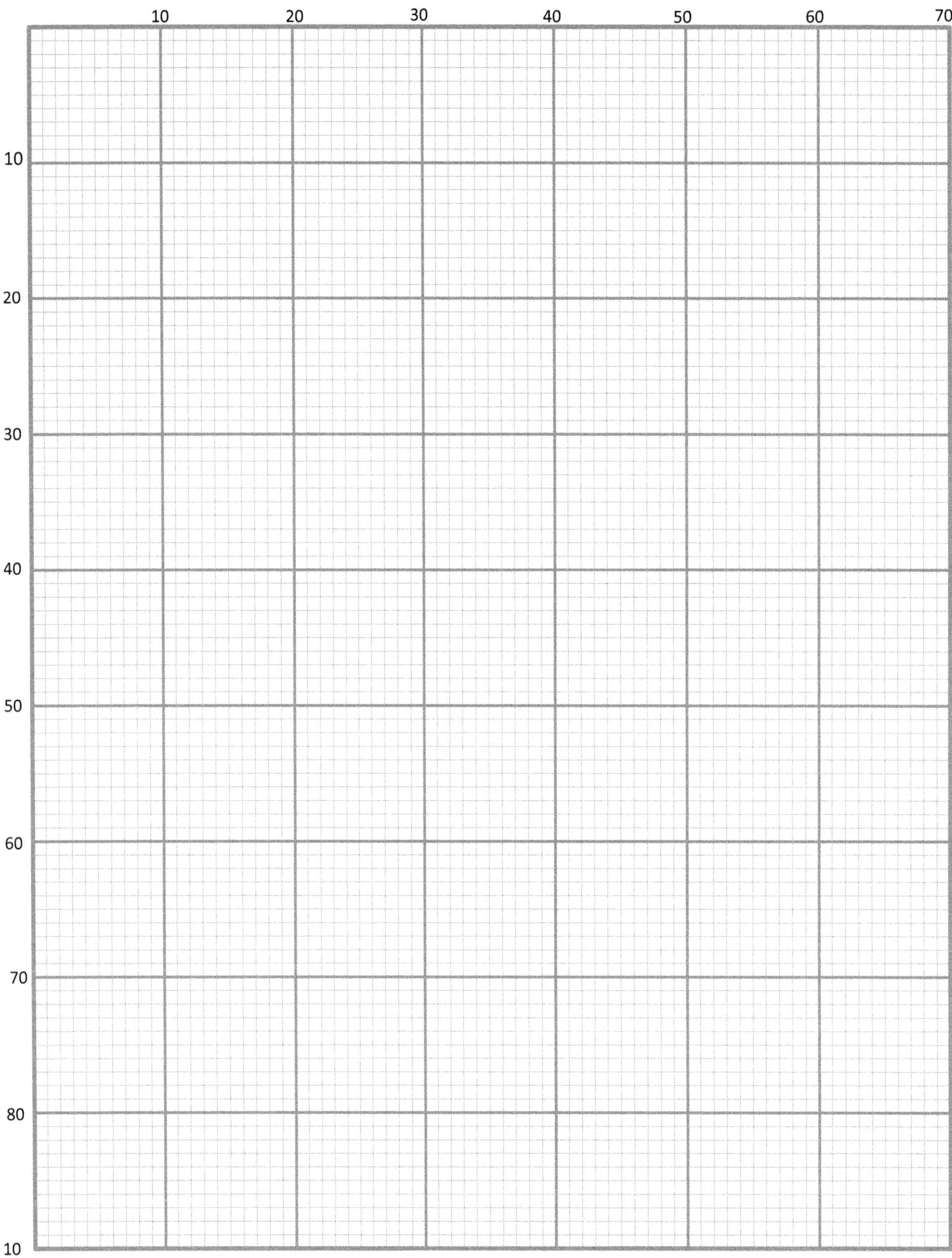

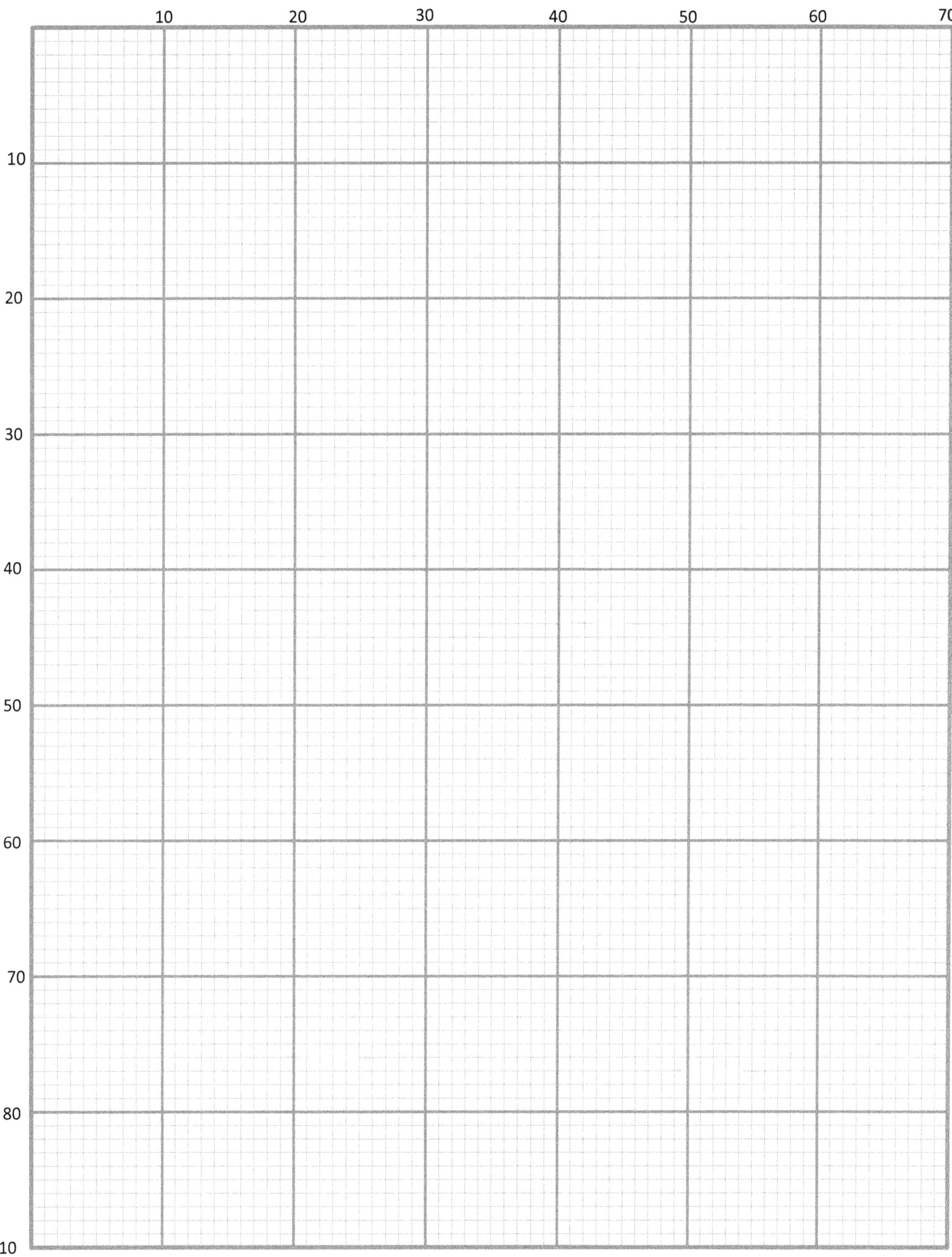

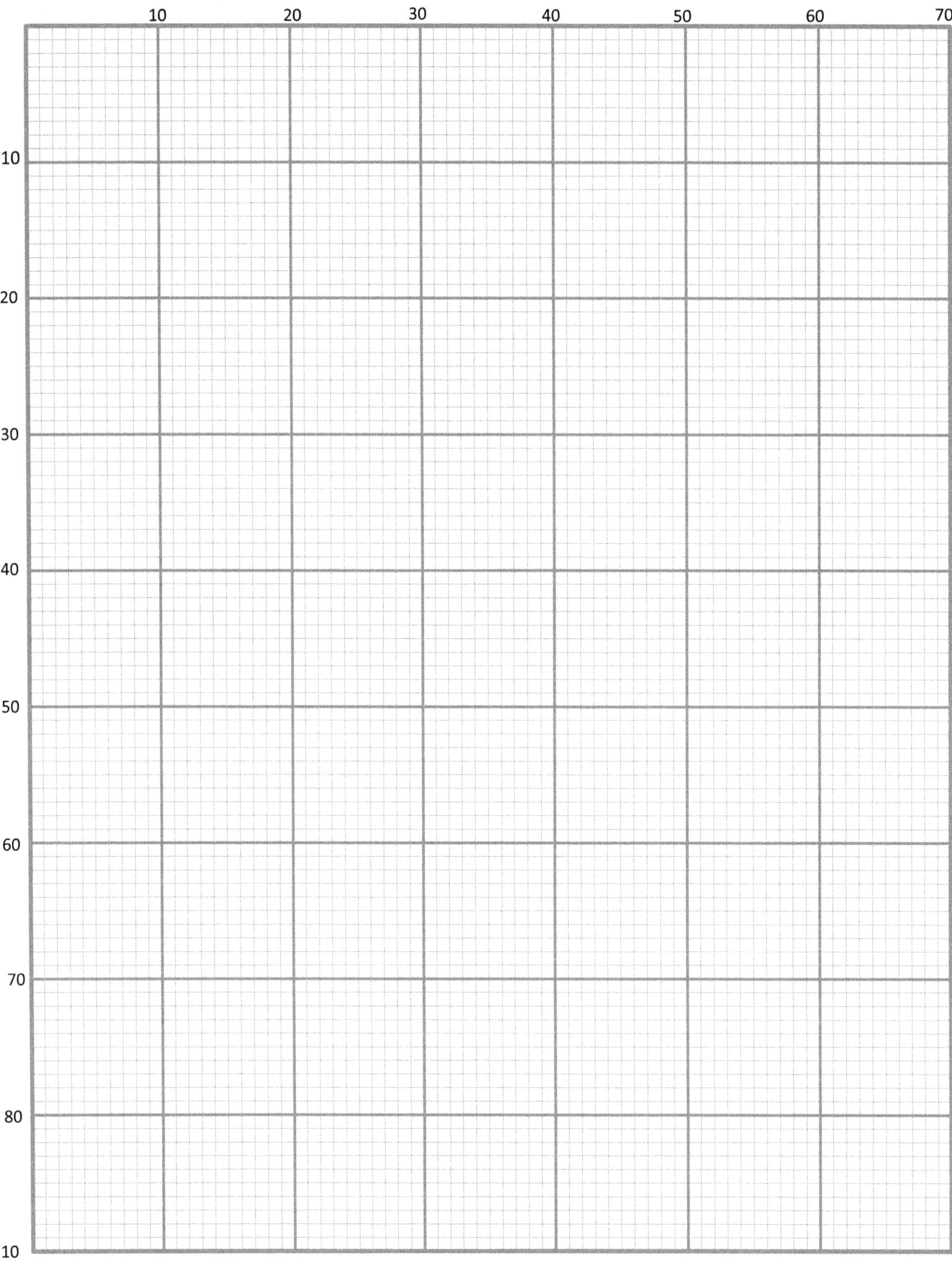

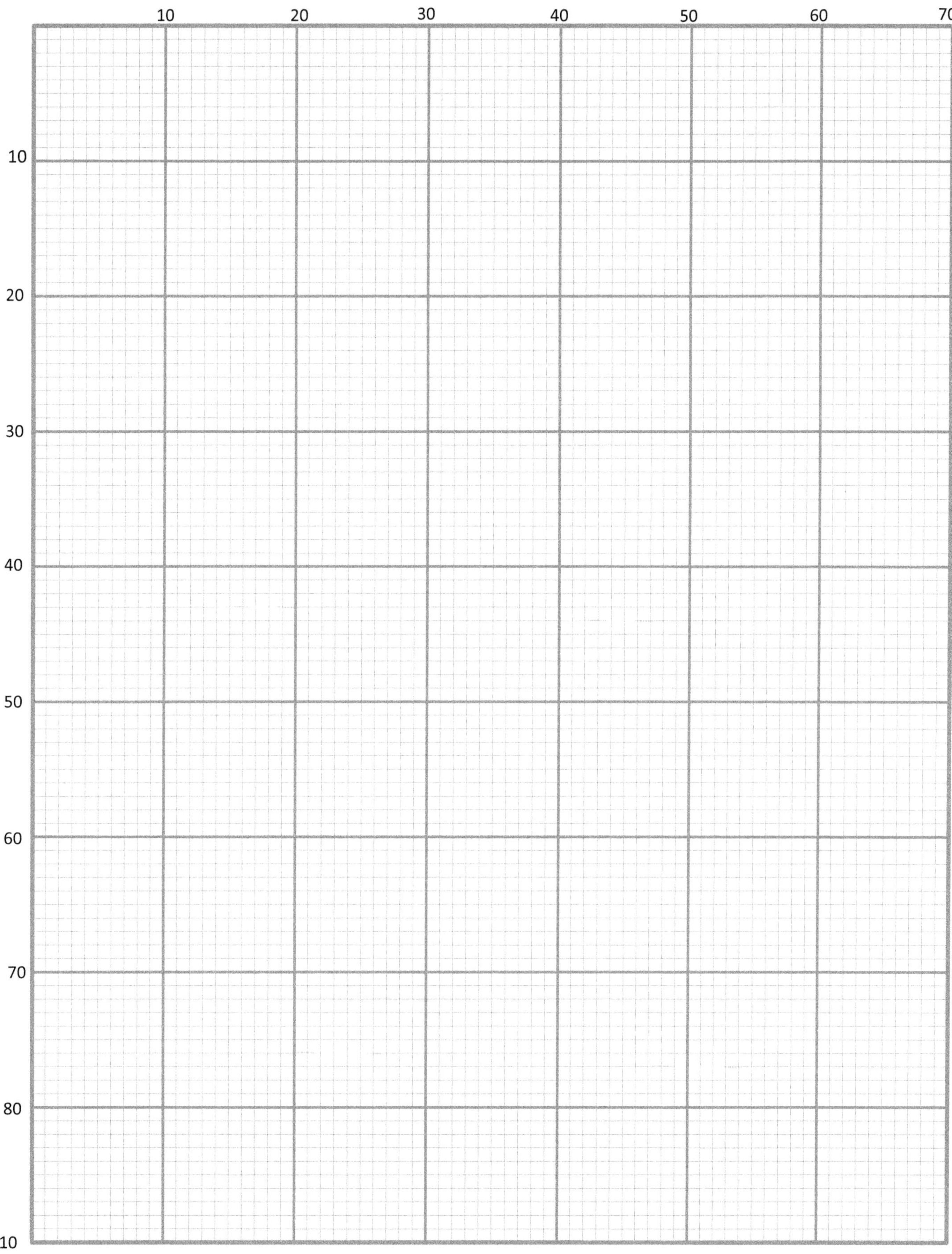

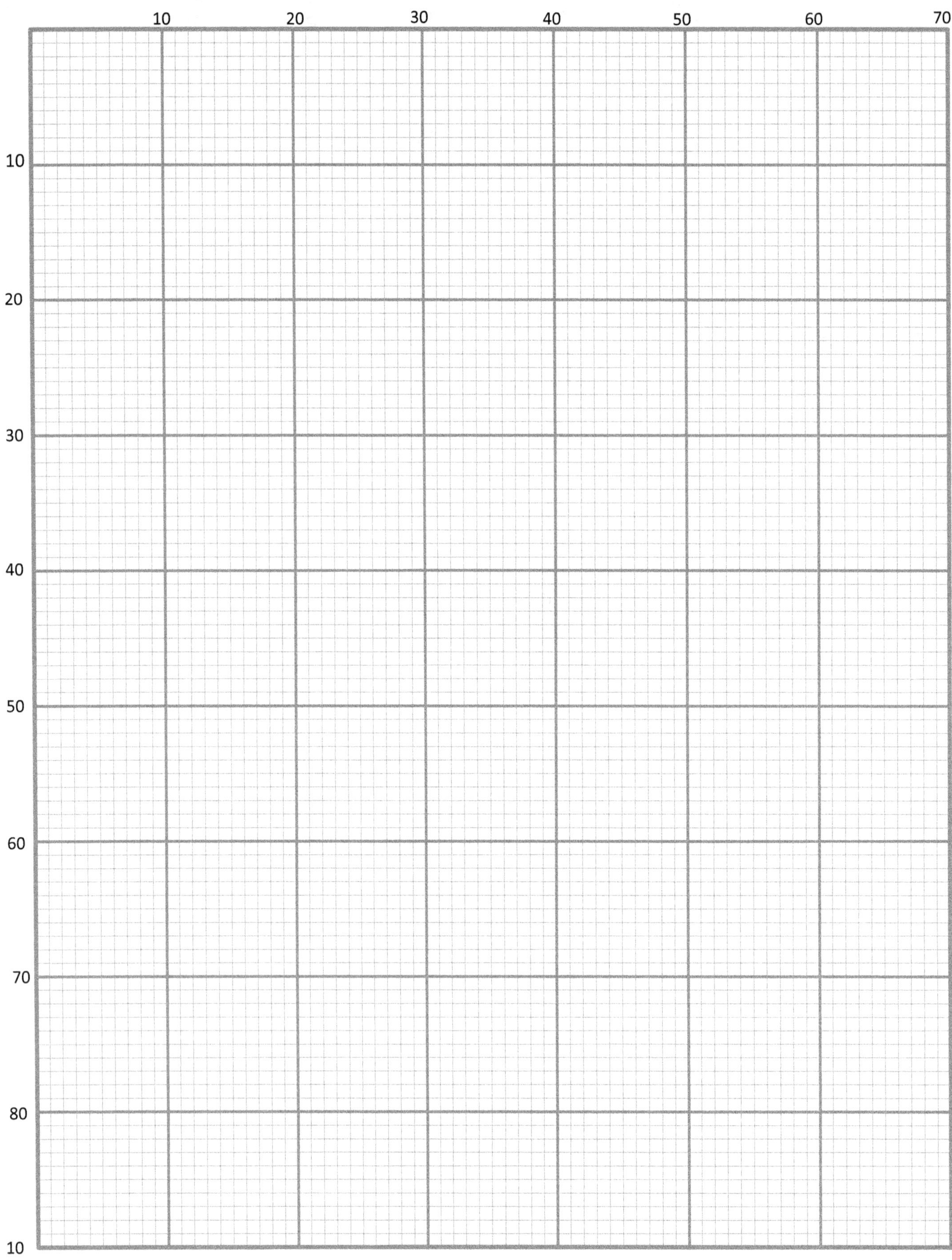

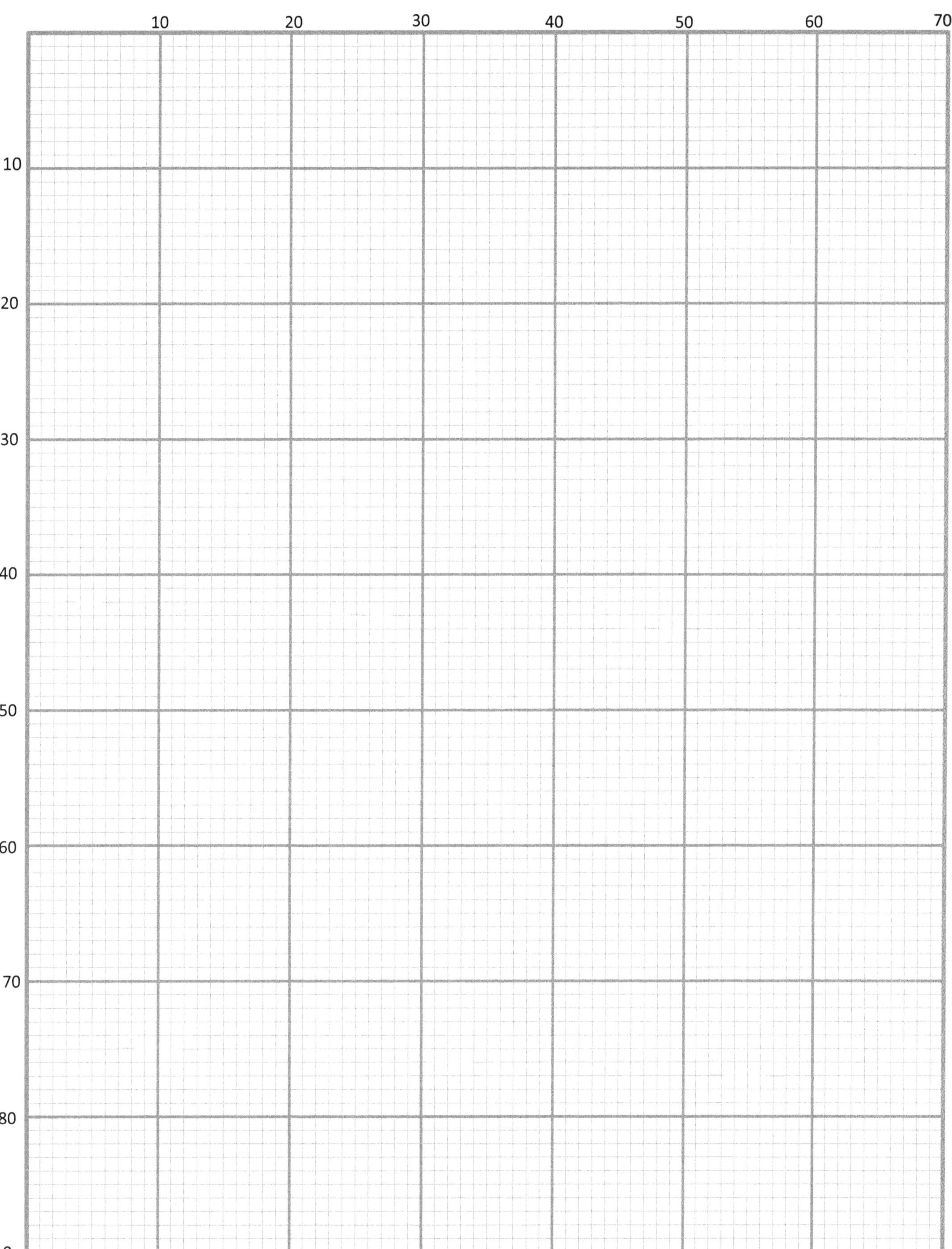

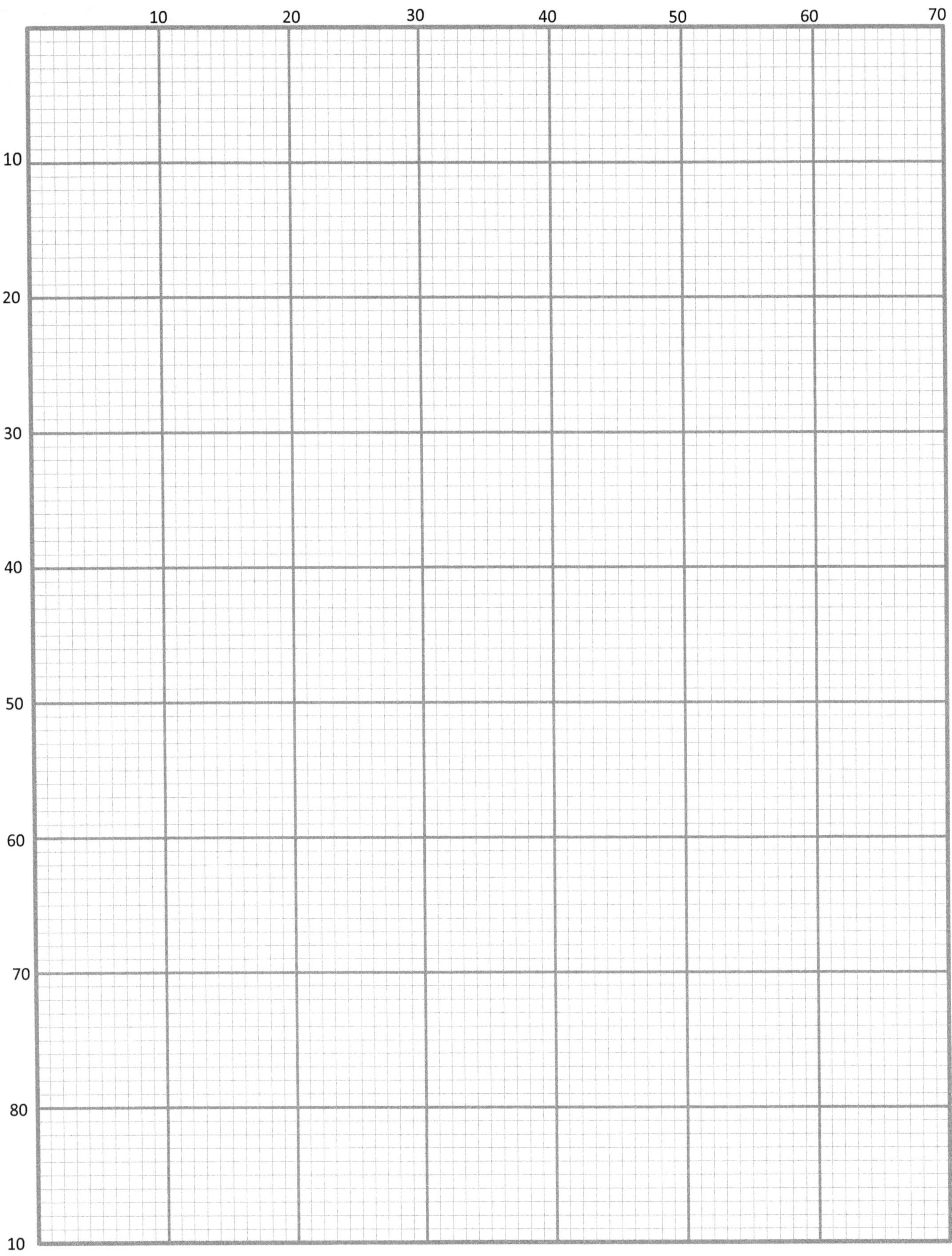

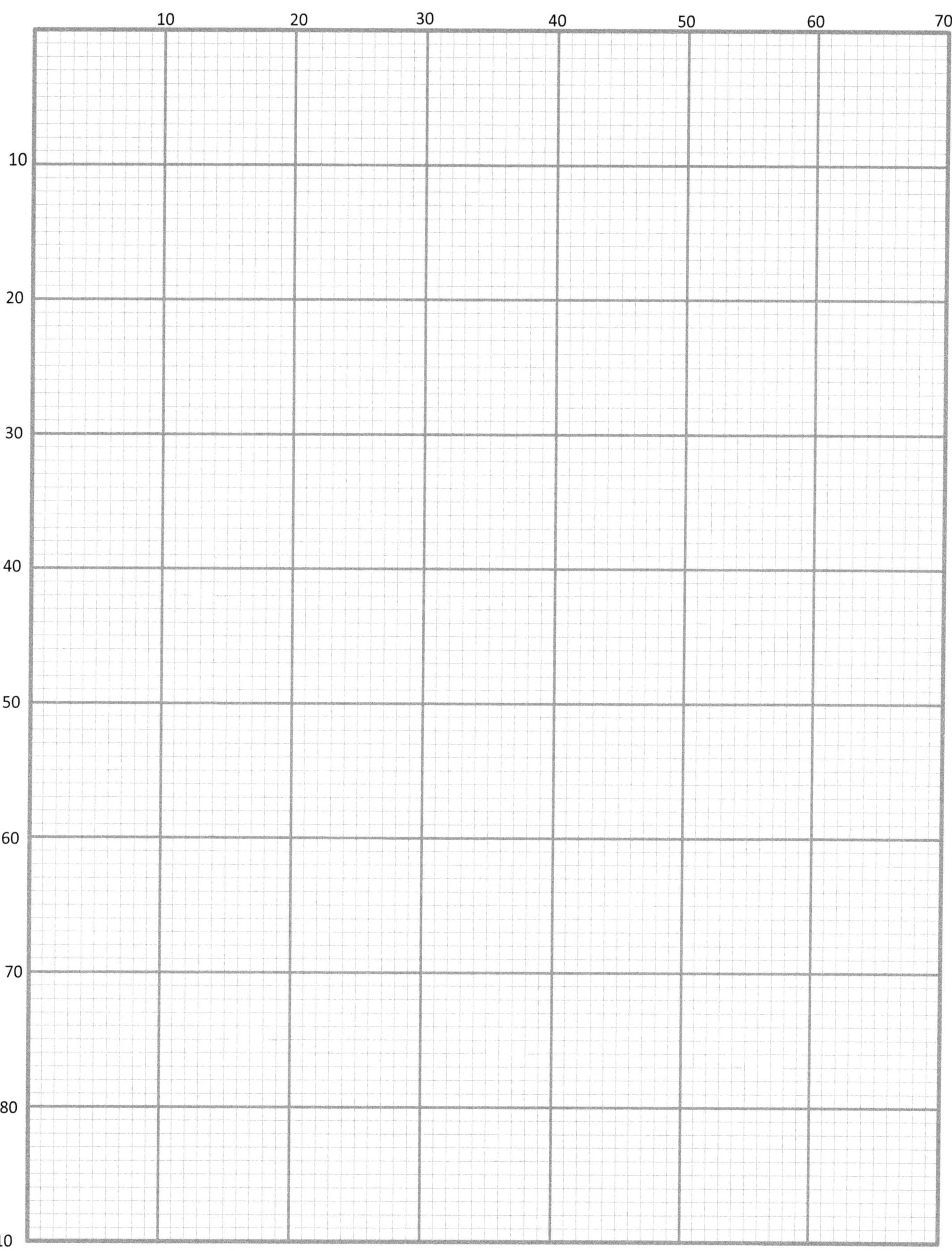

10
20
30
40
50
60
70
10
20
30
40
50
60
70
80
10

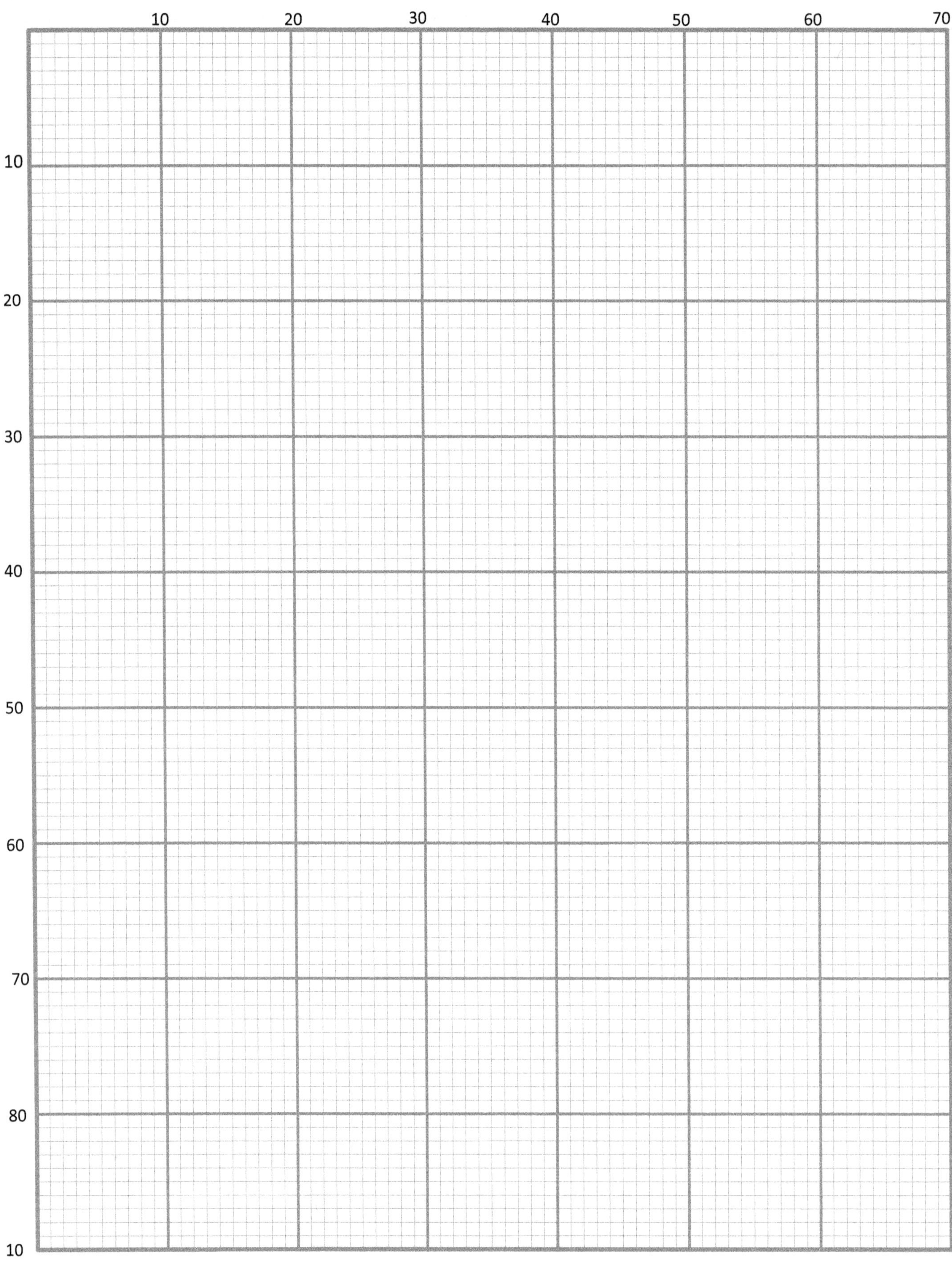

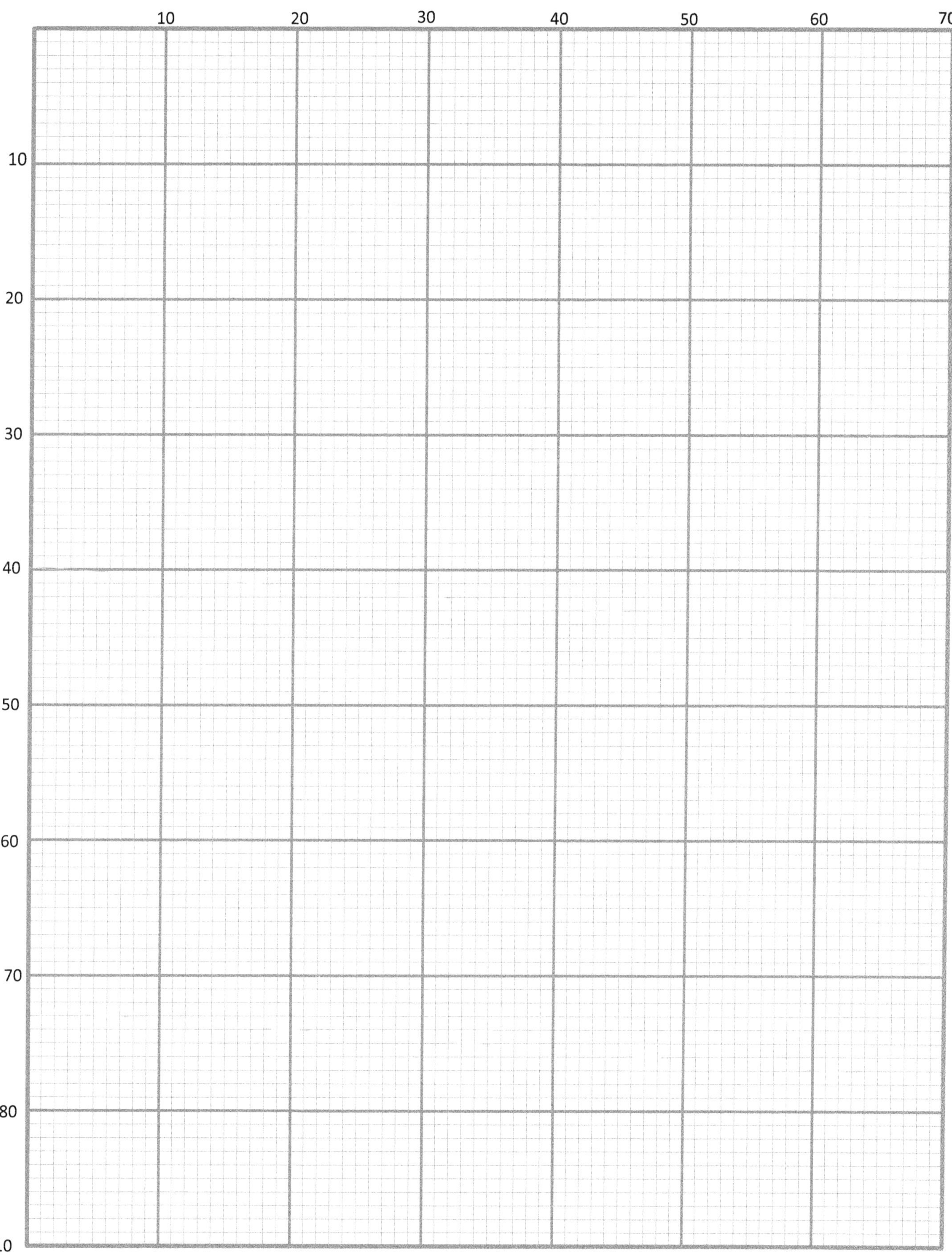

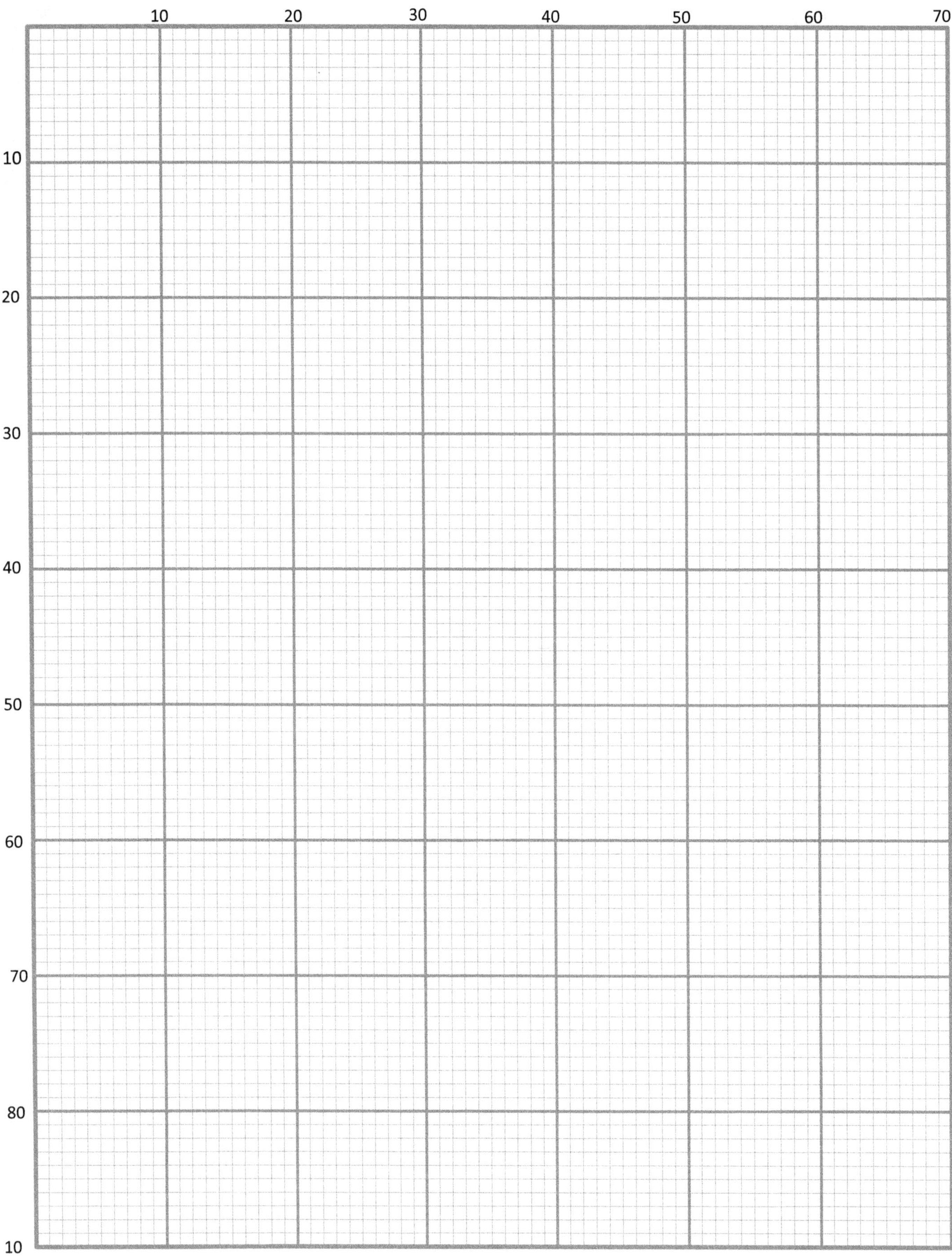

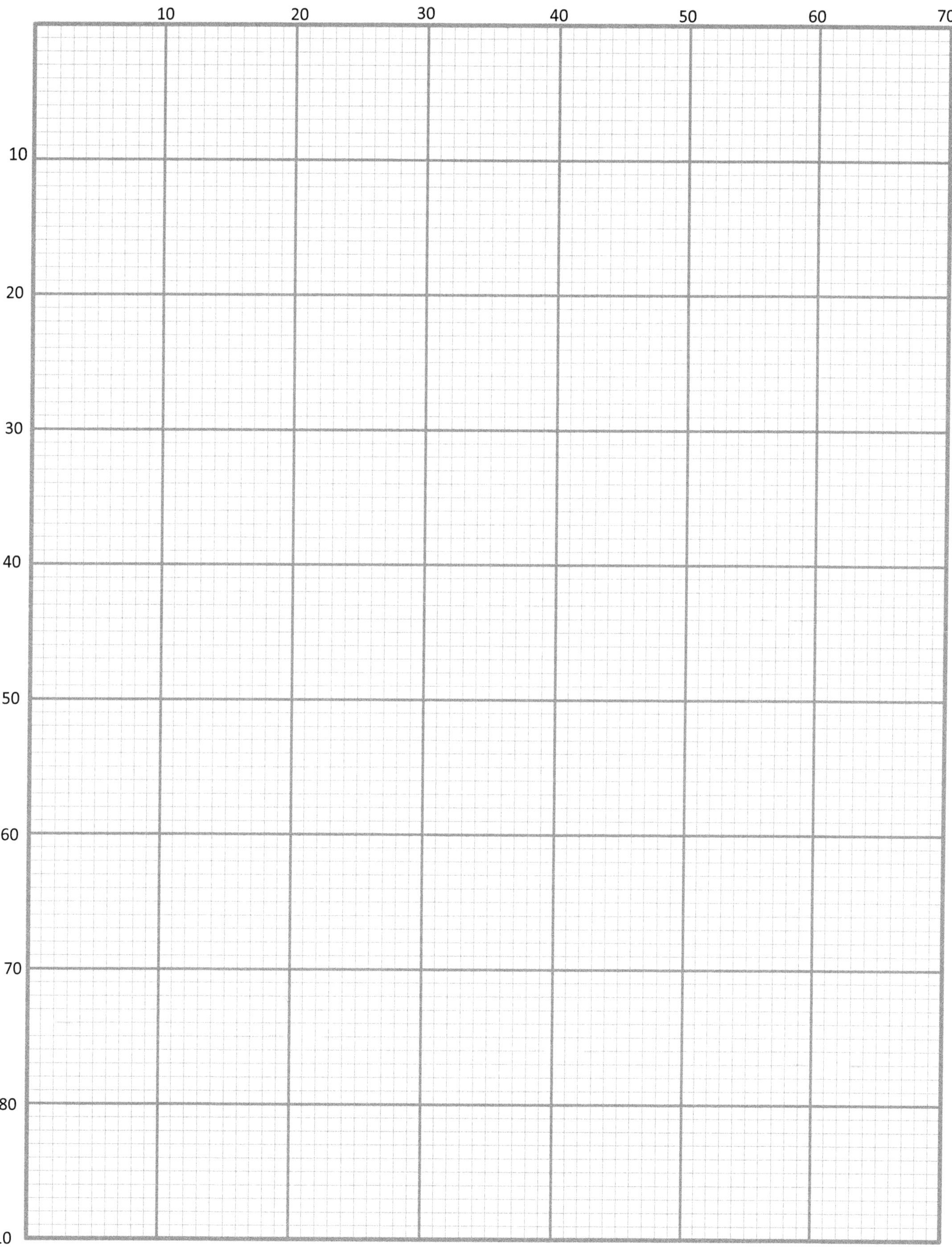

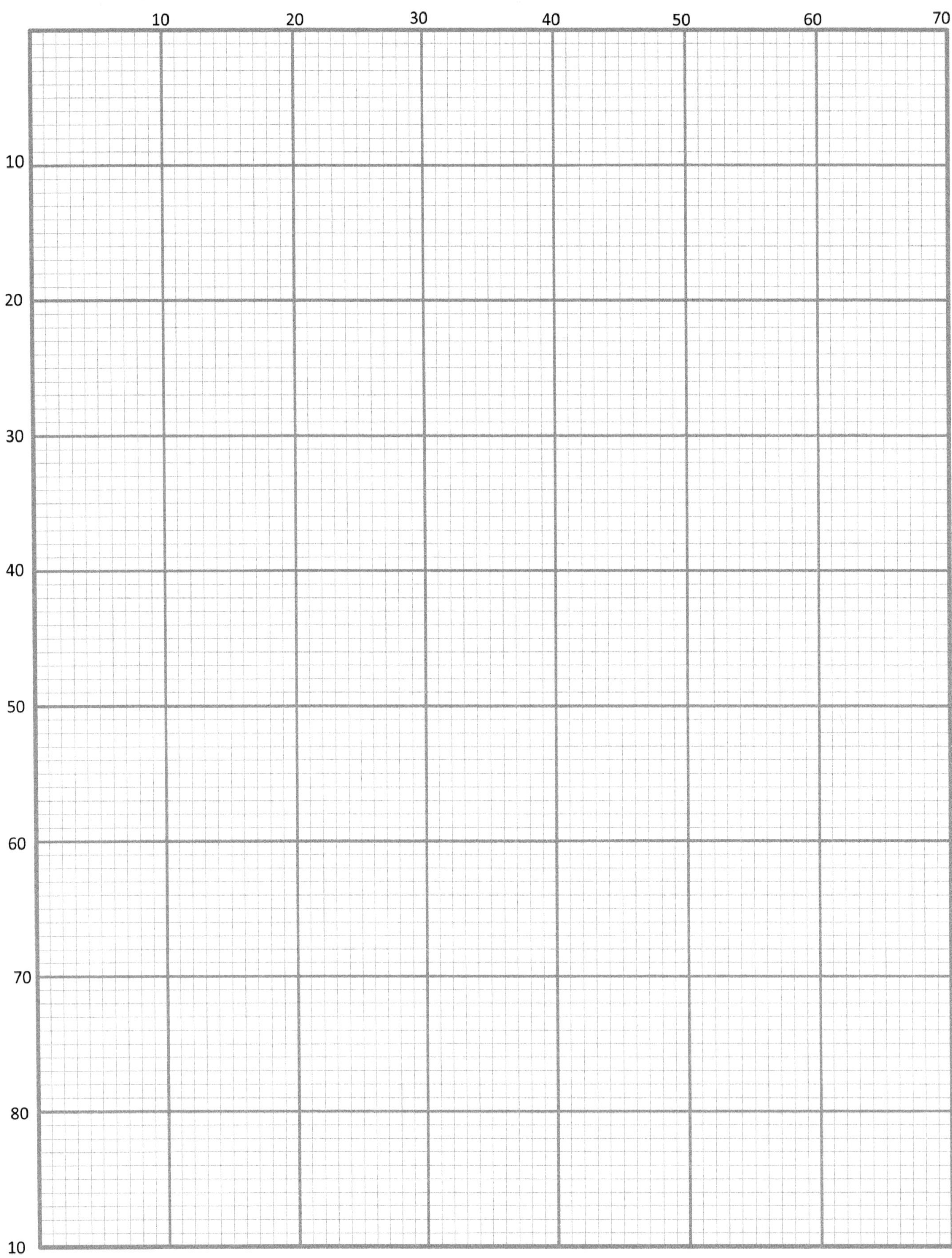

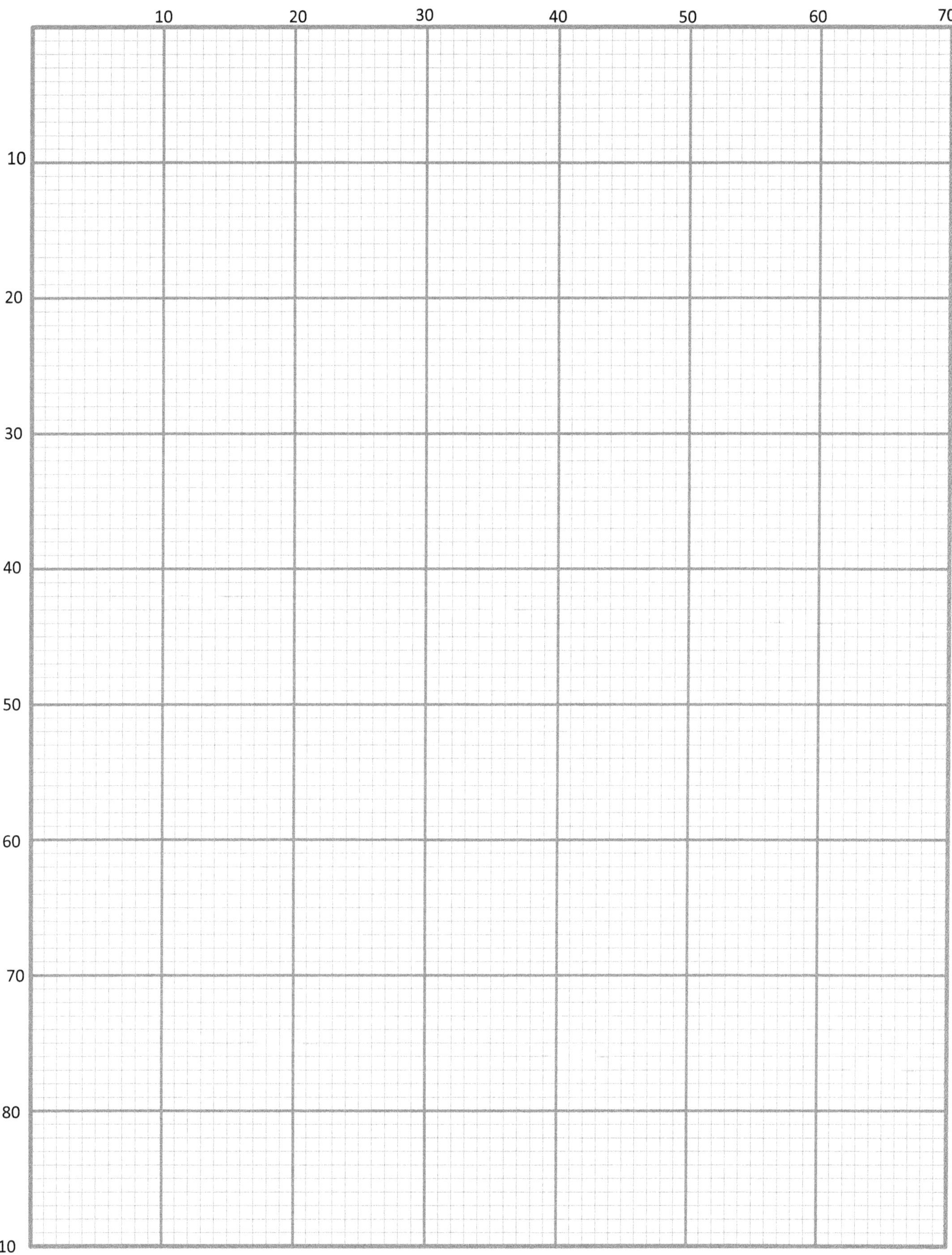

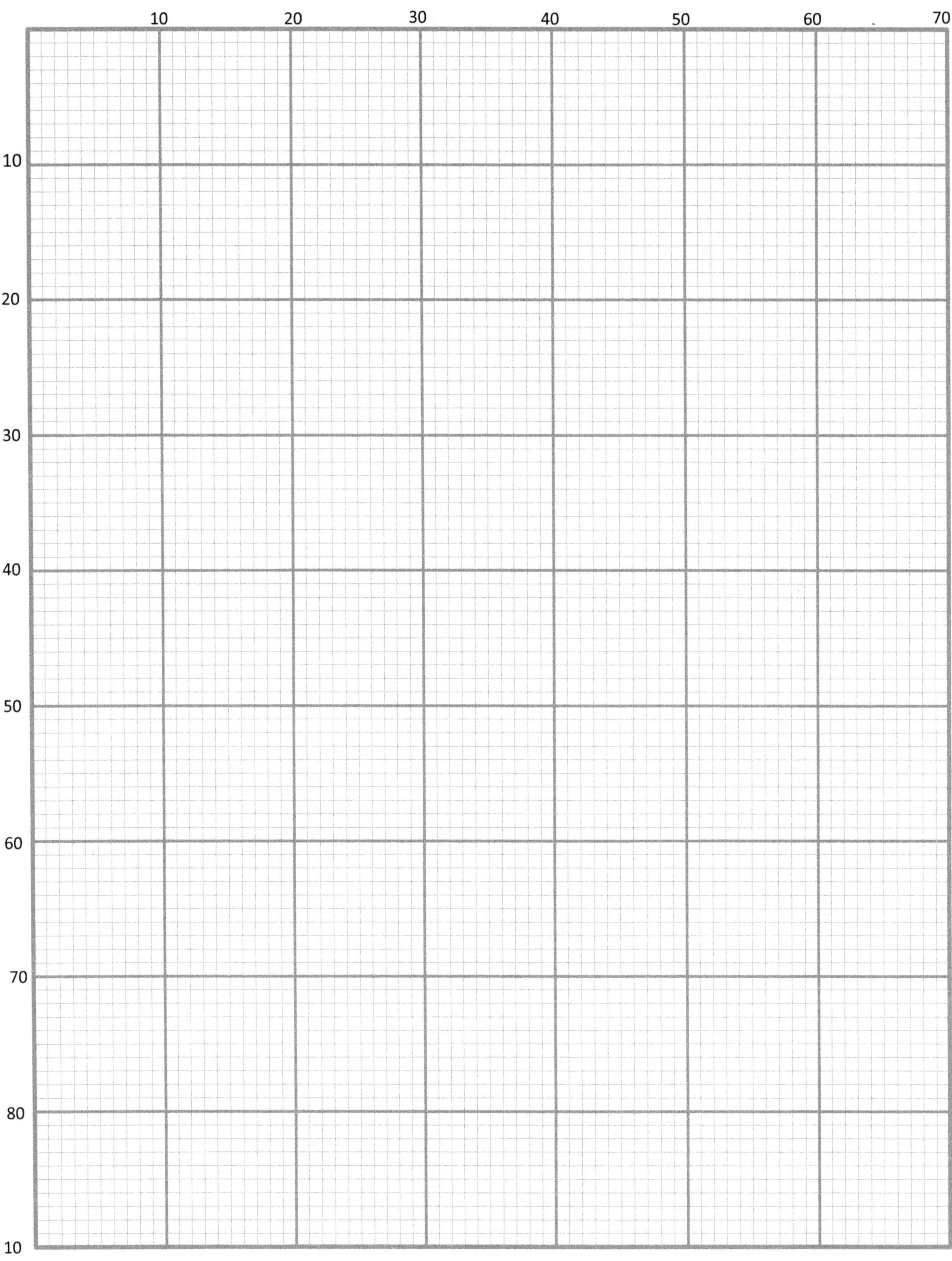

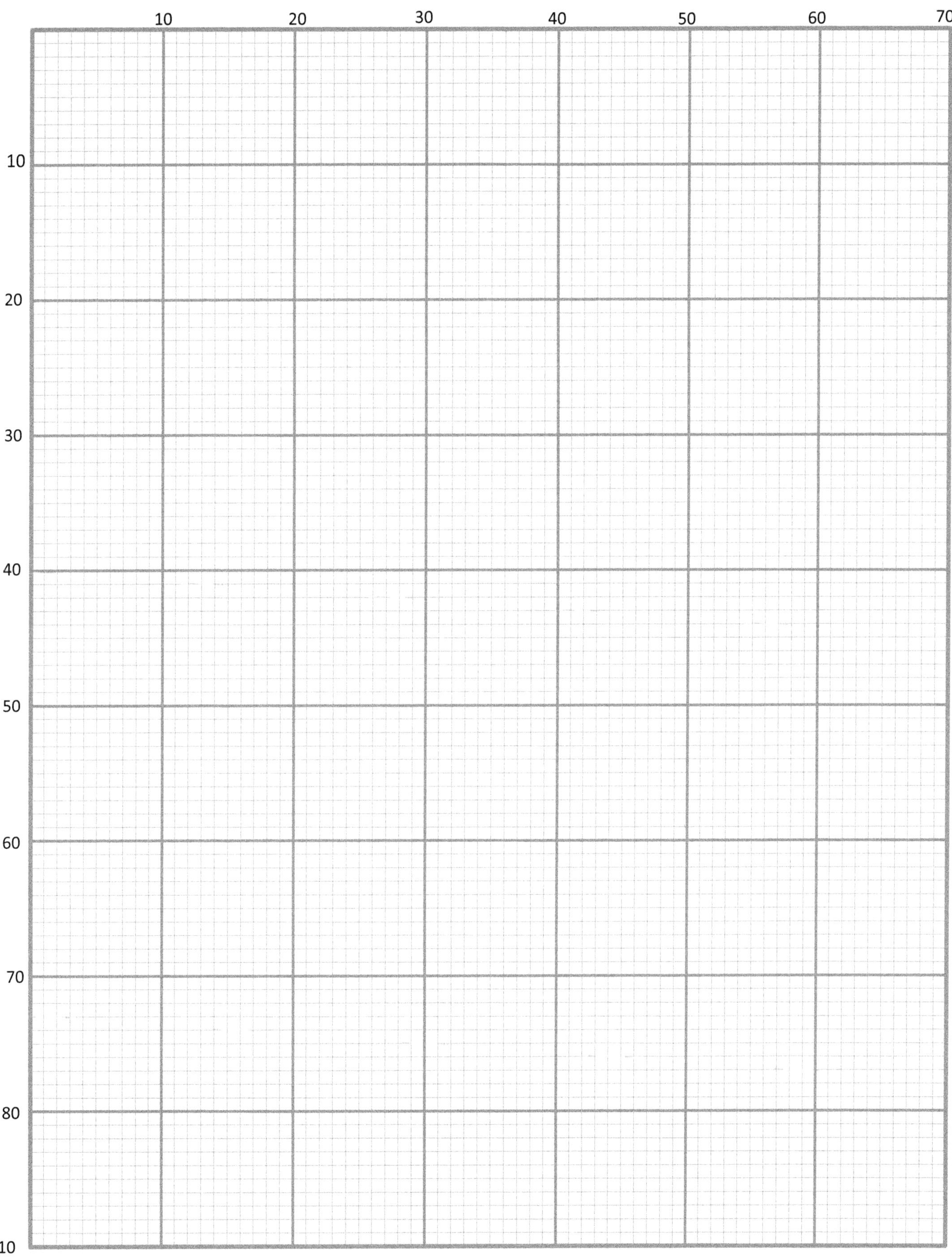

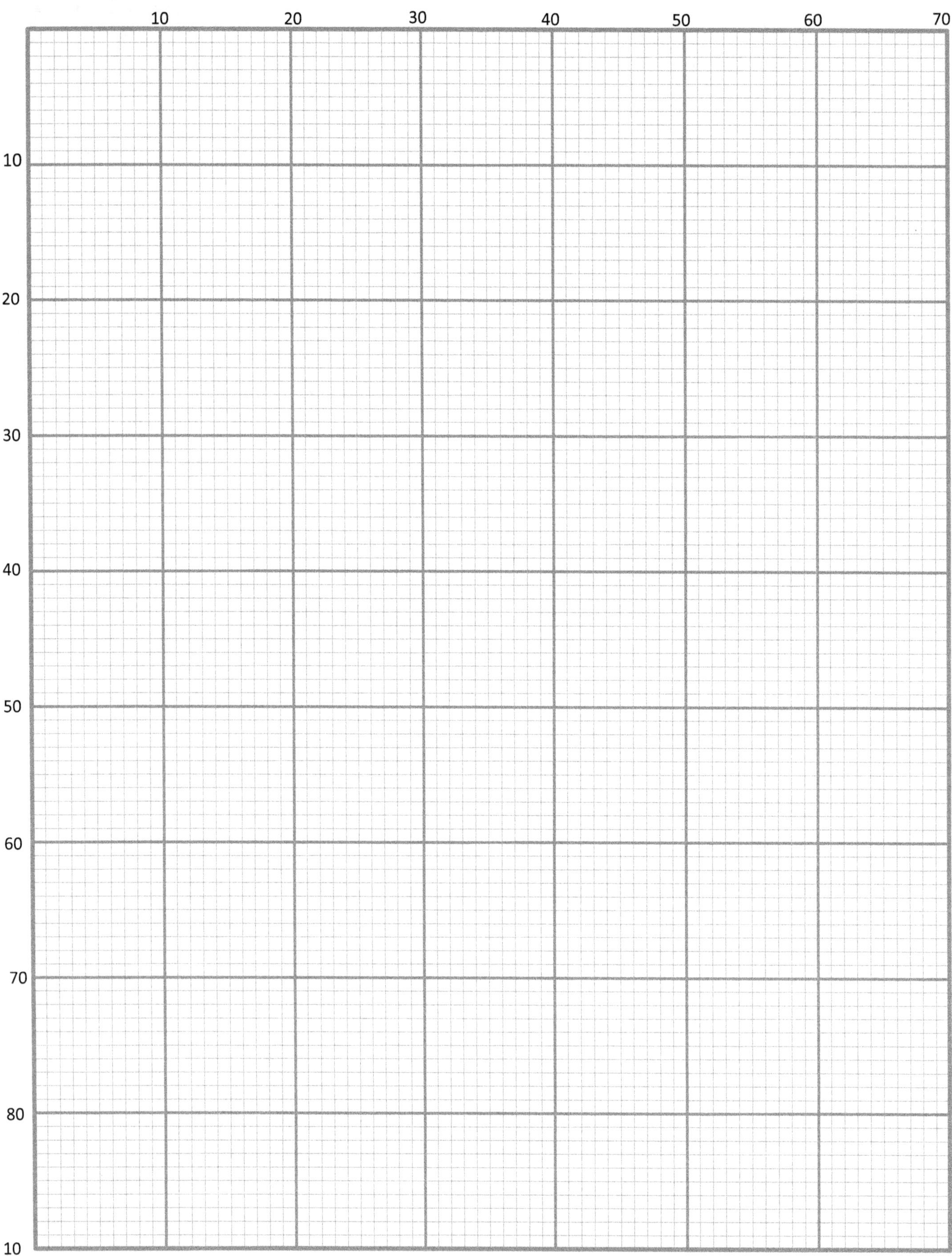

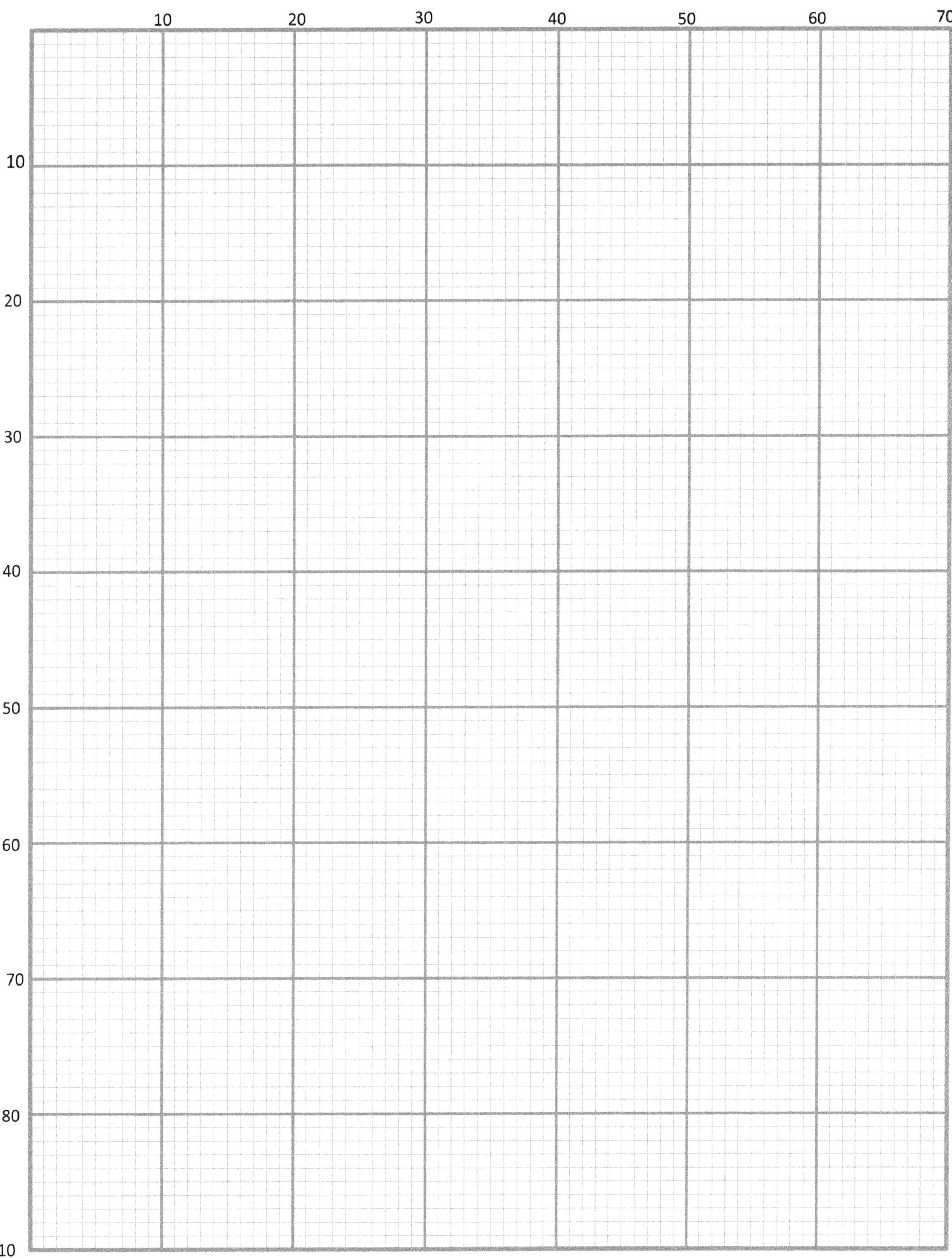

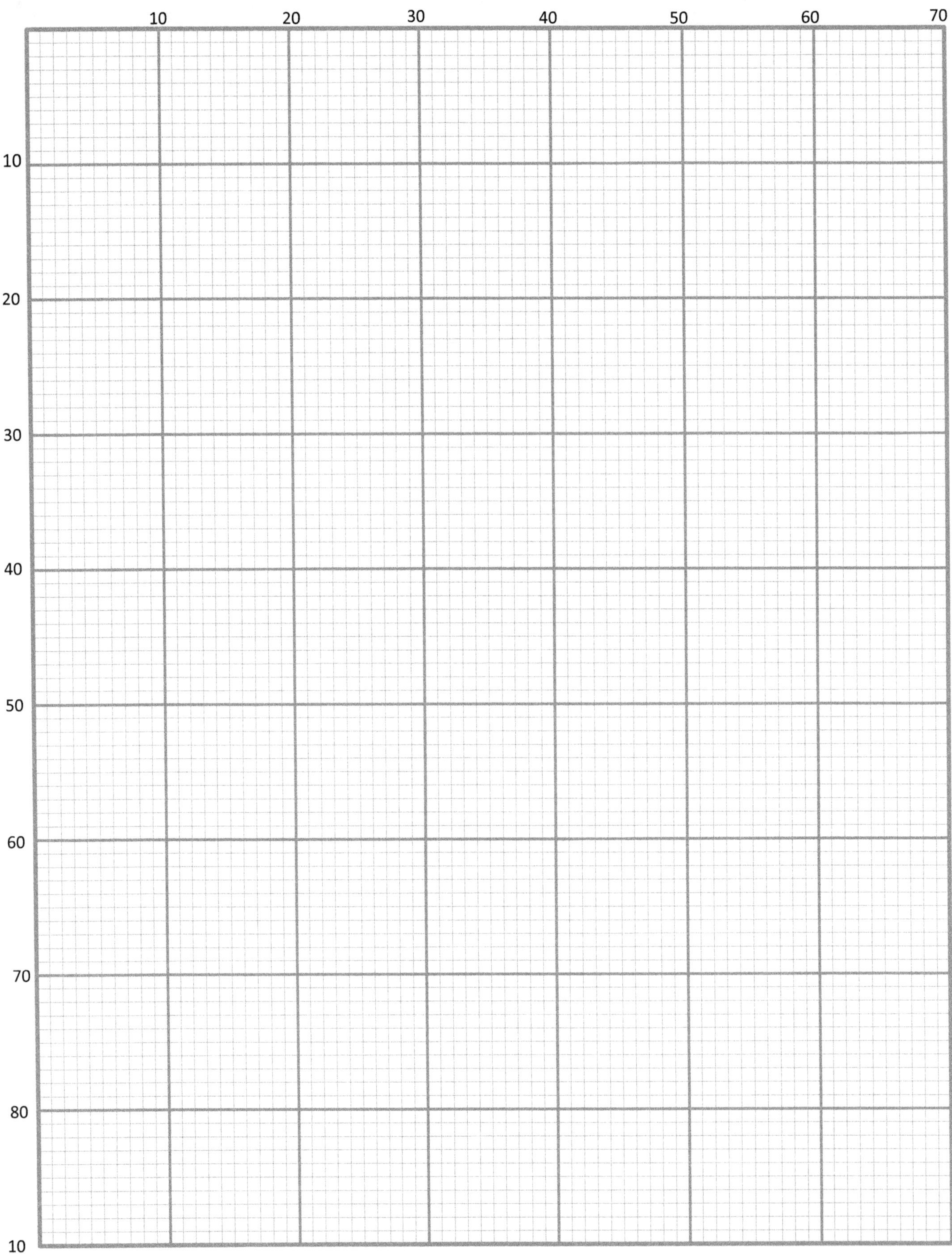

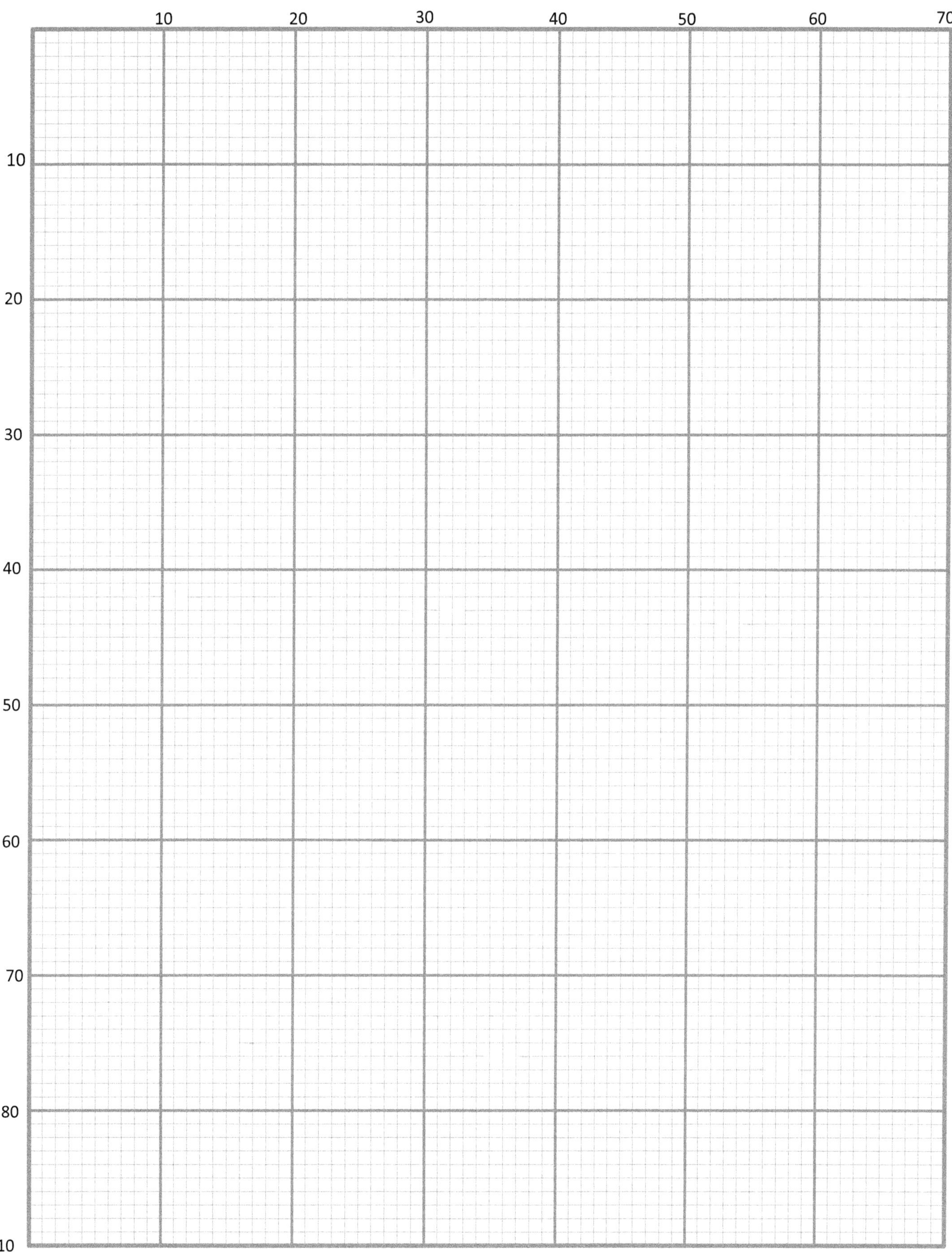

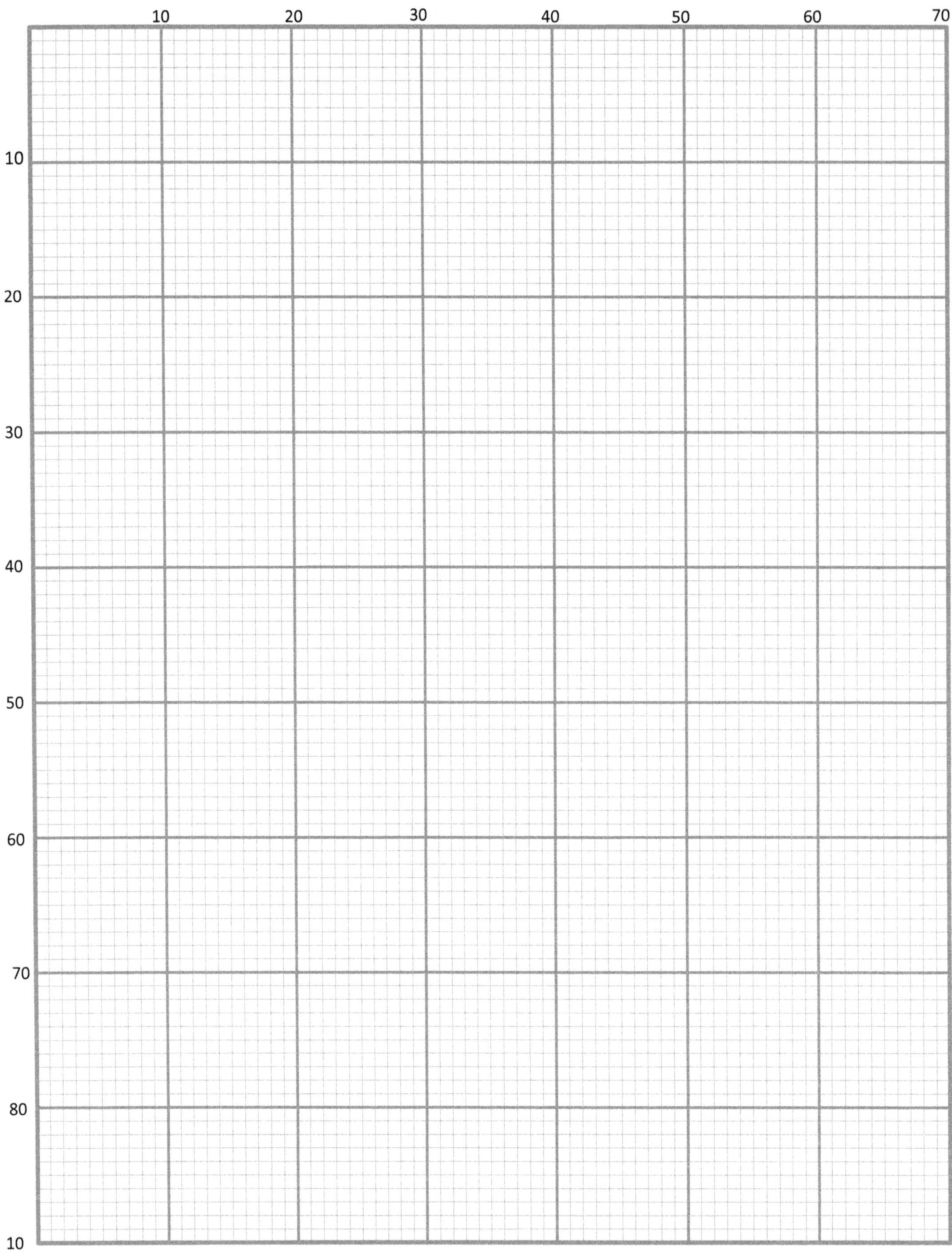

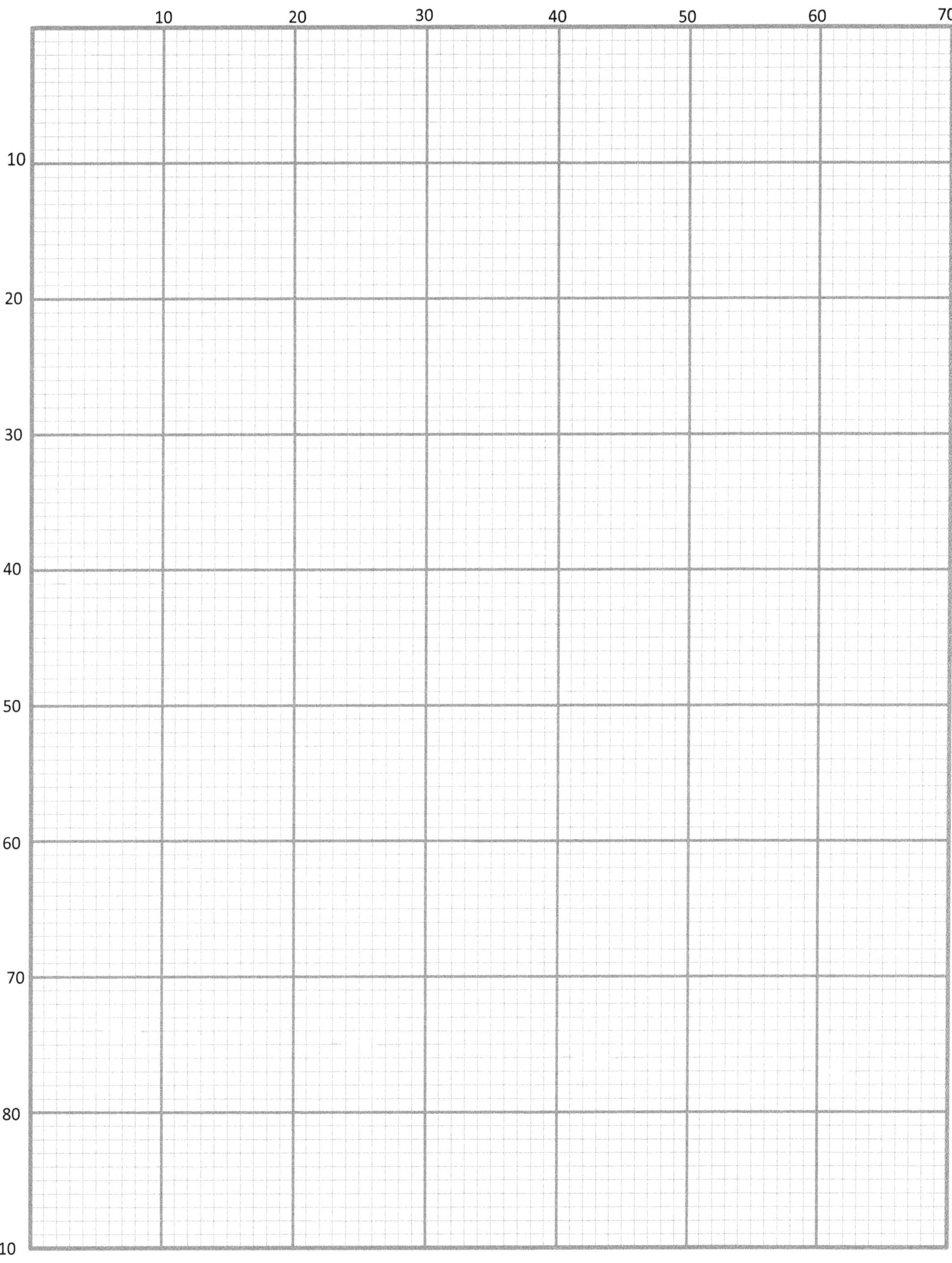

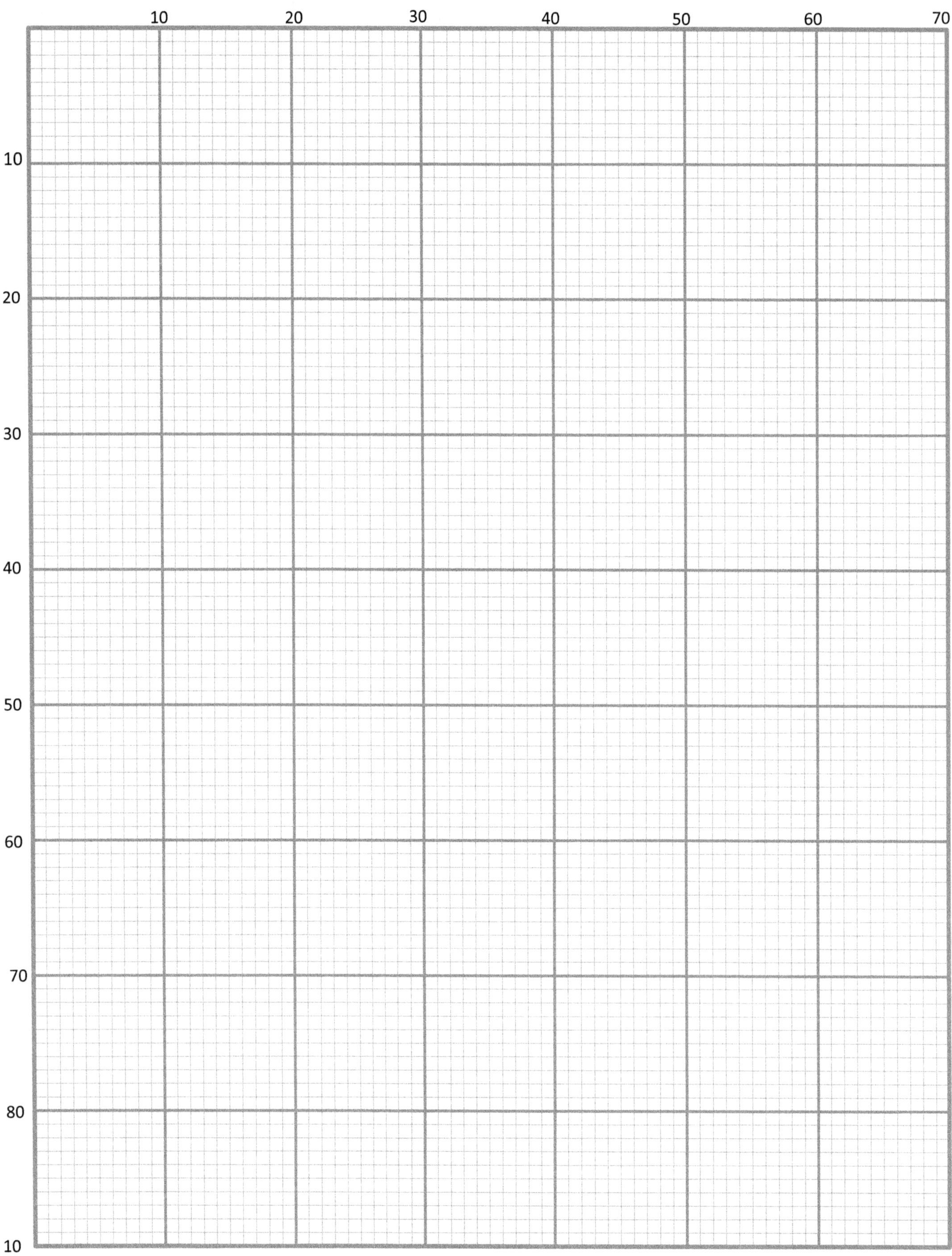

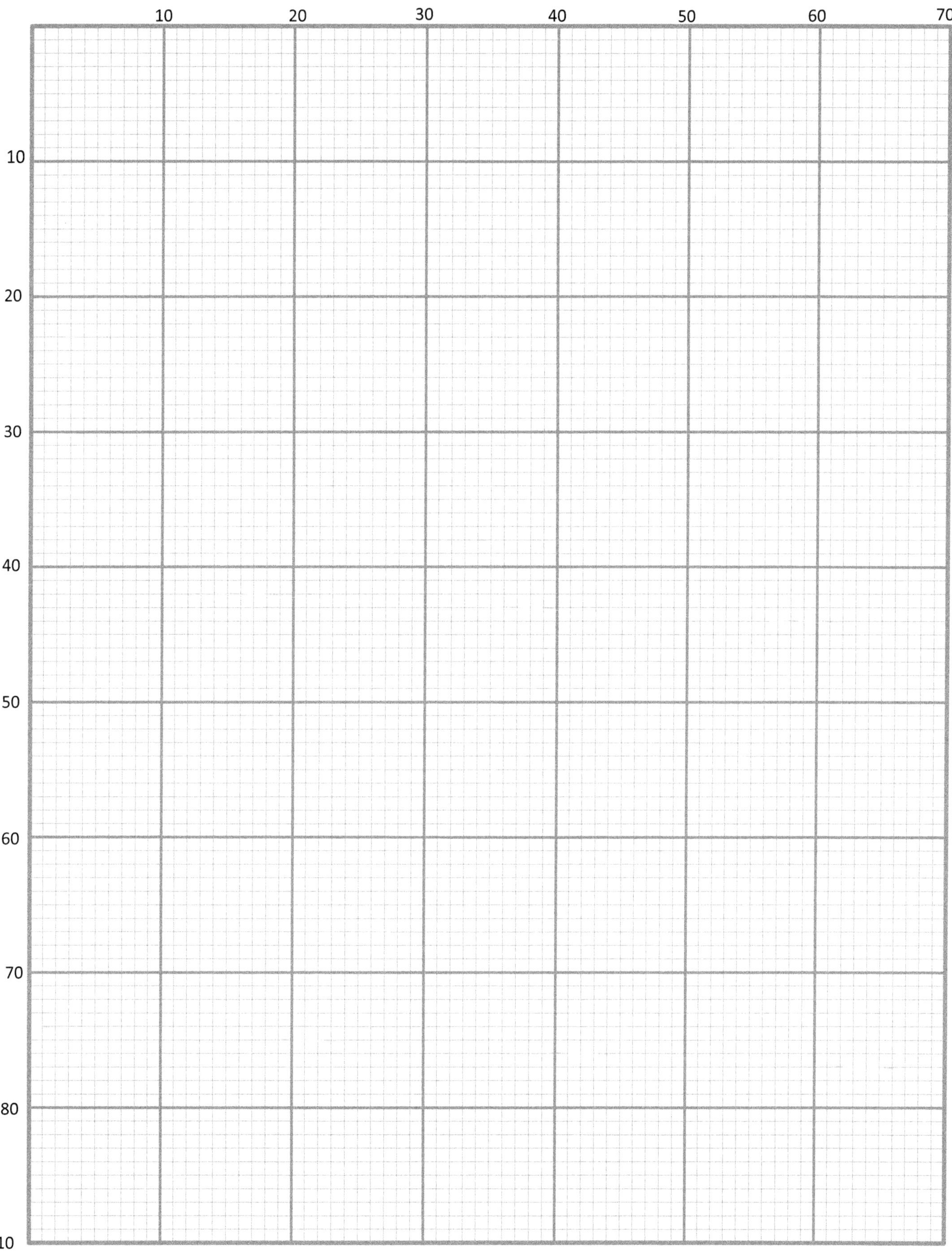

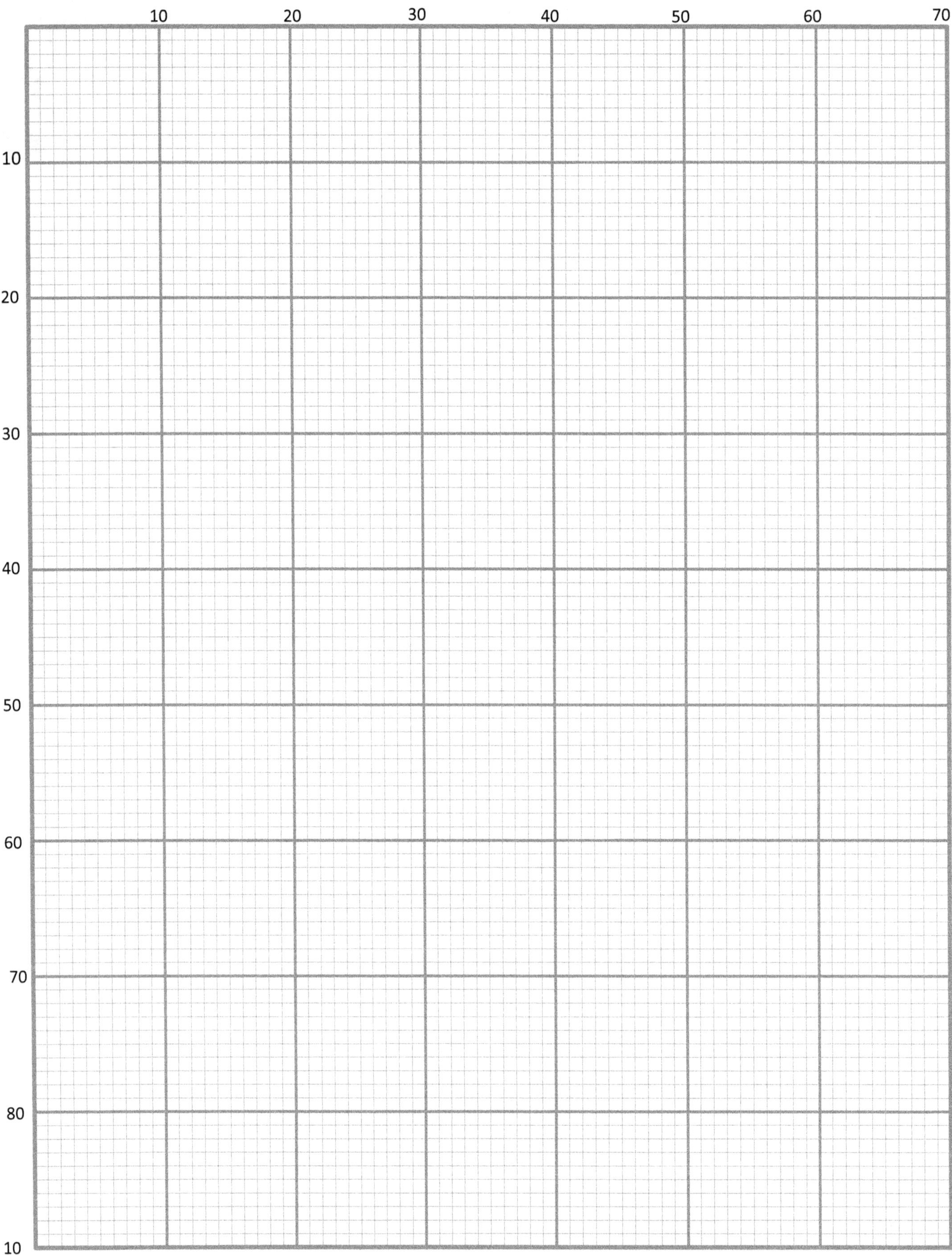

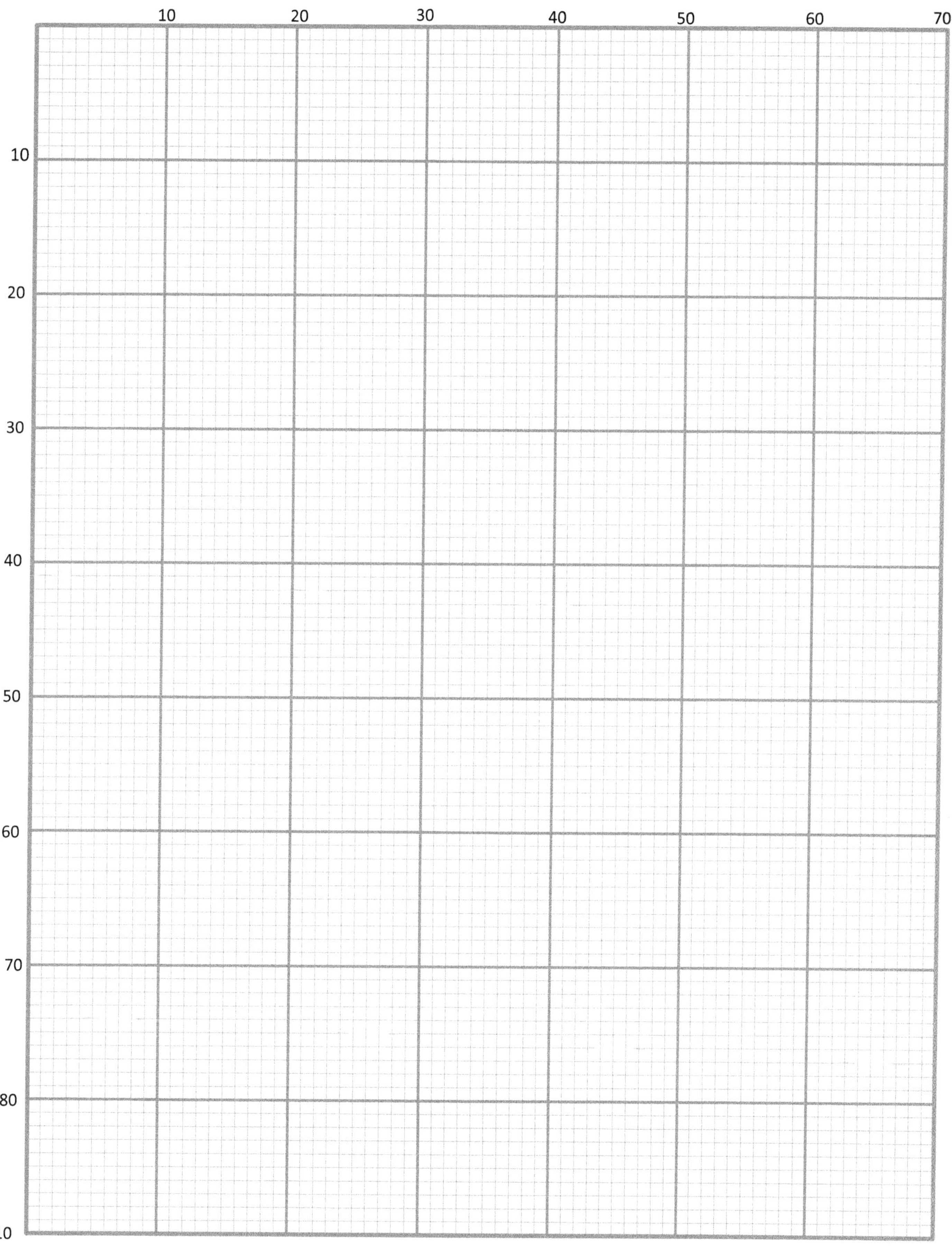

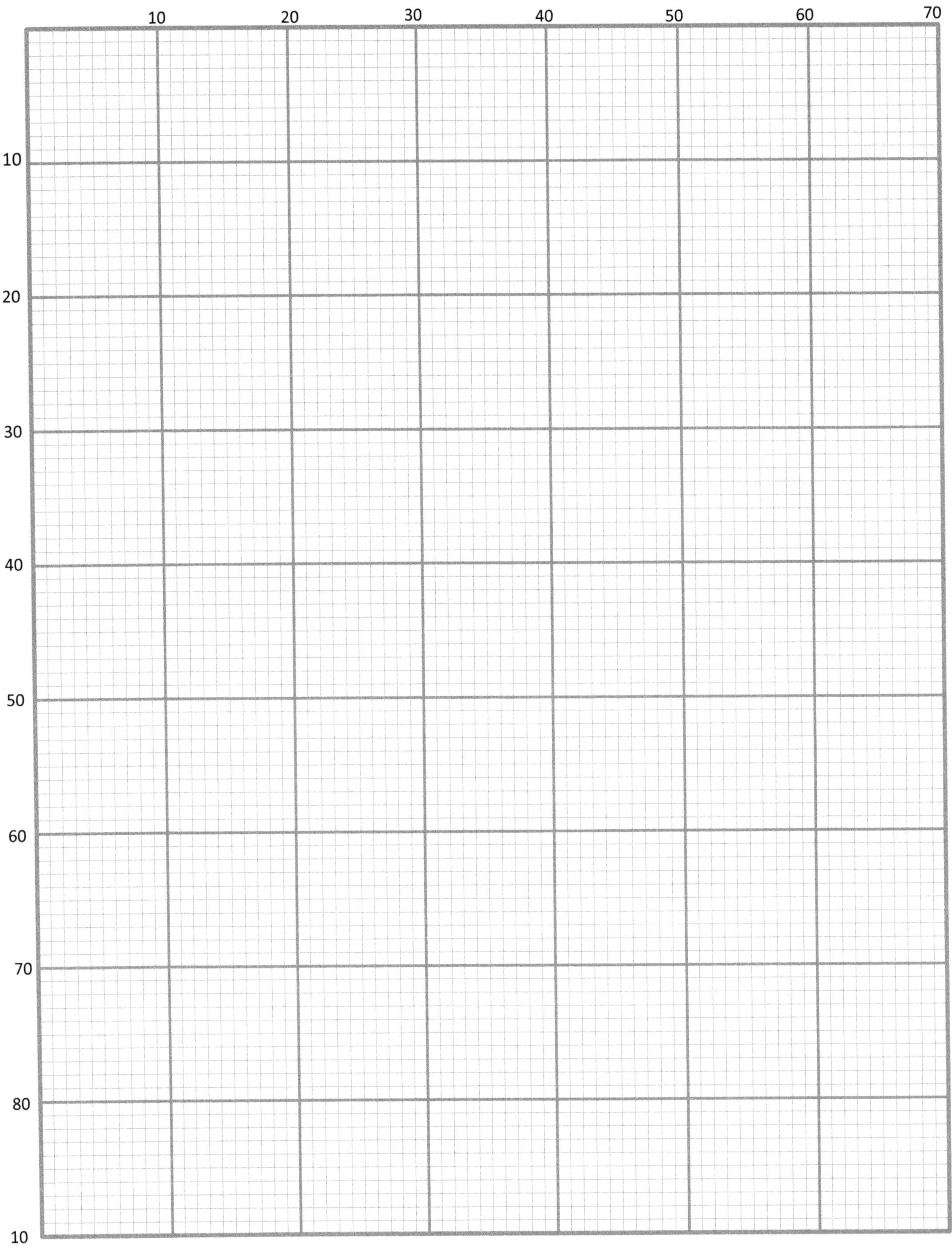

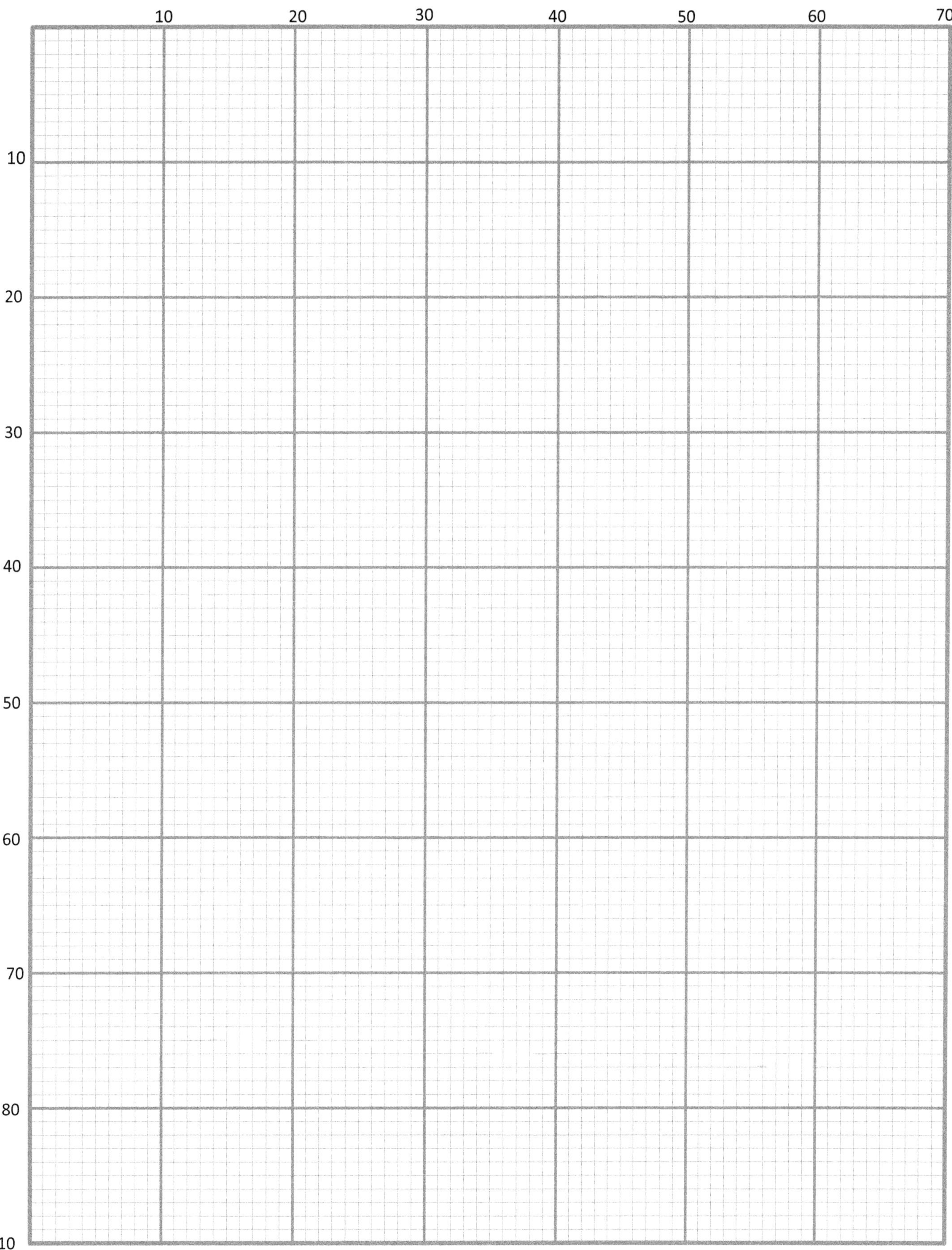

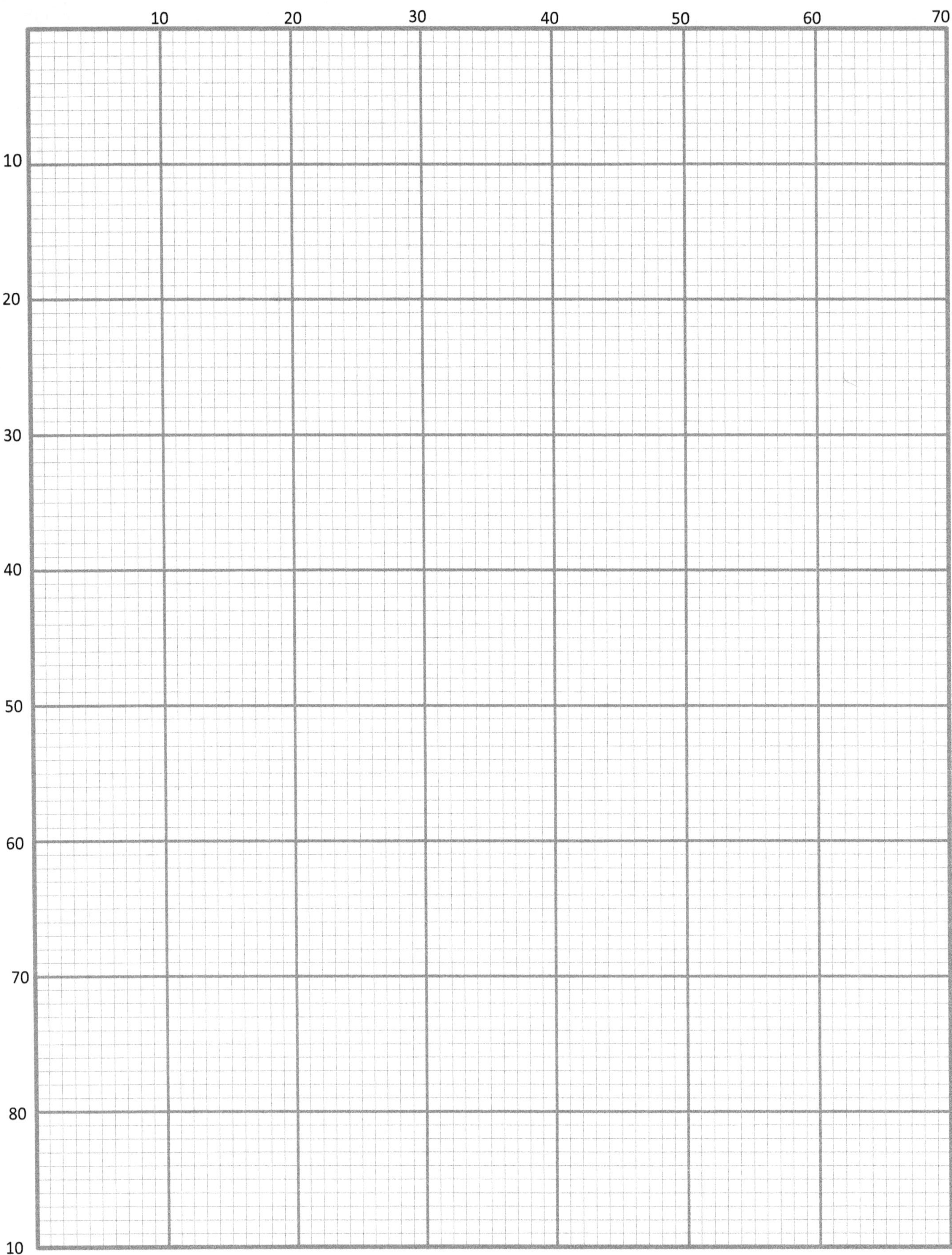

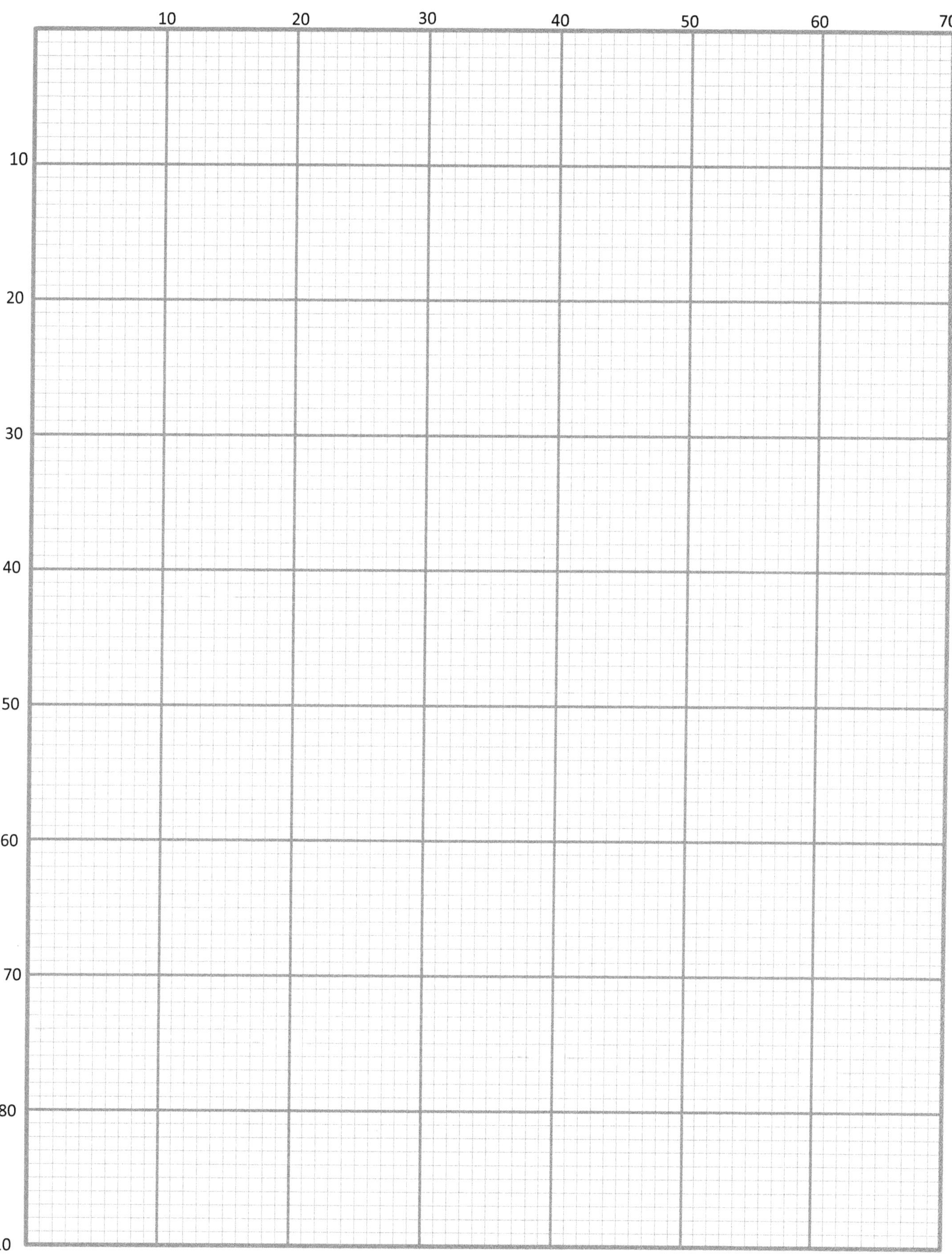

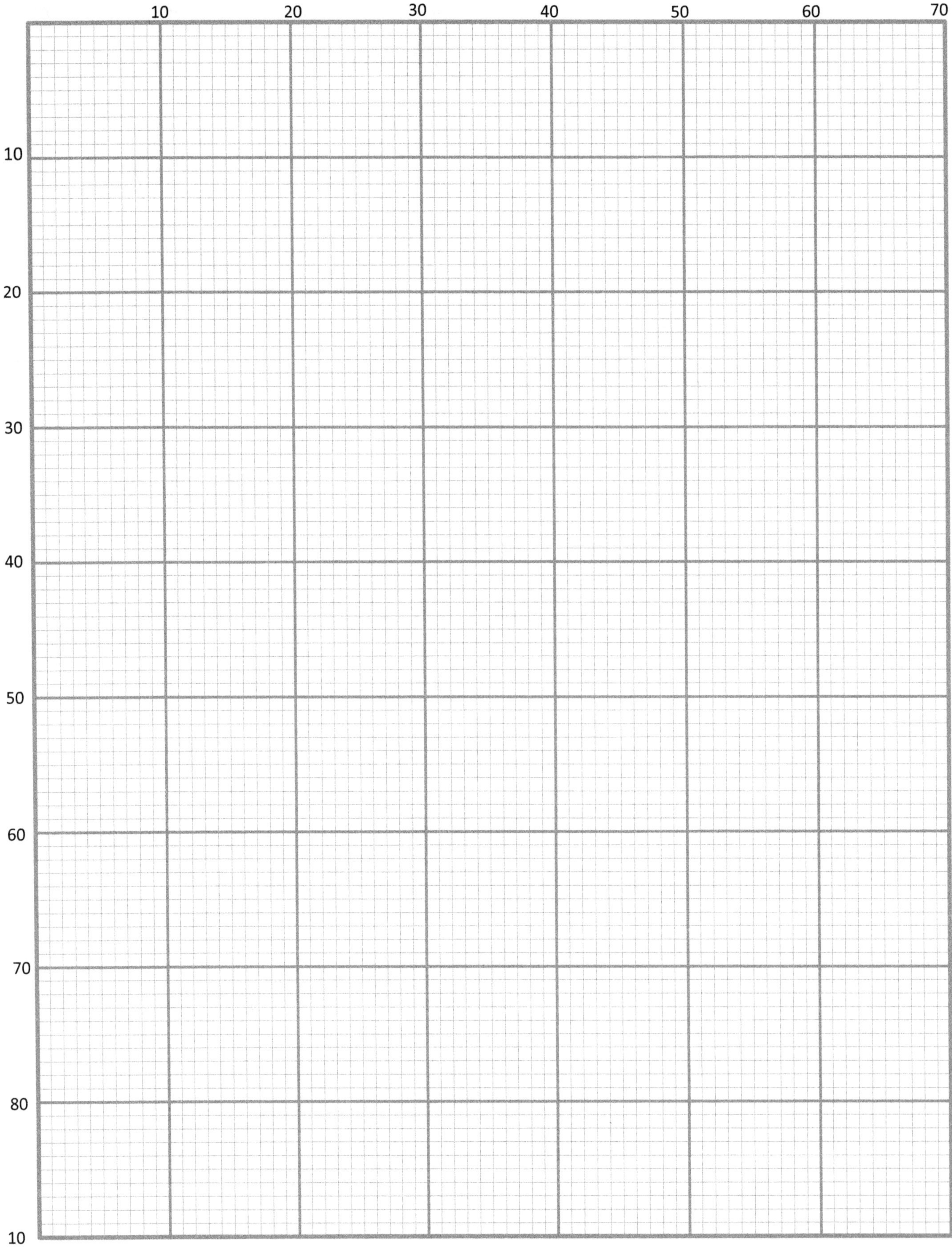

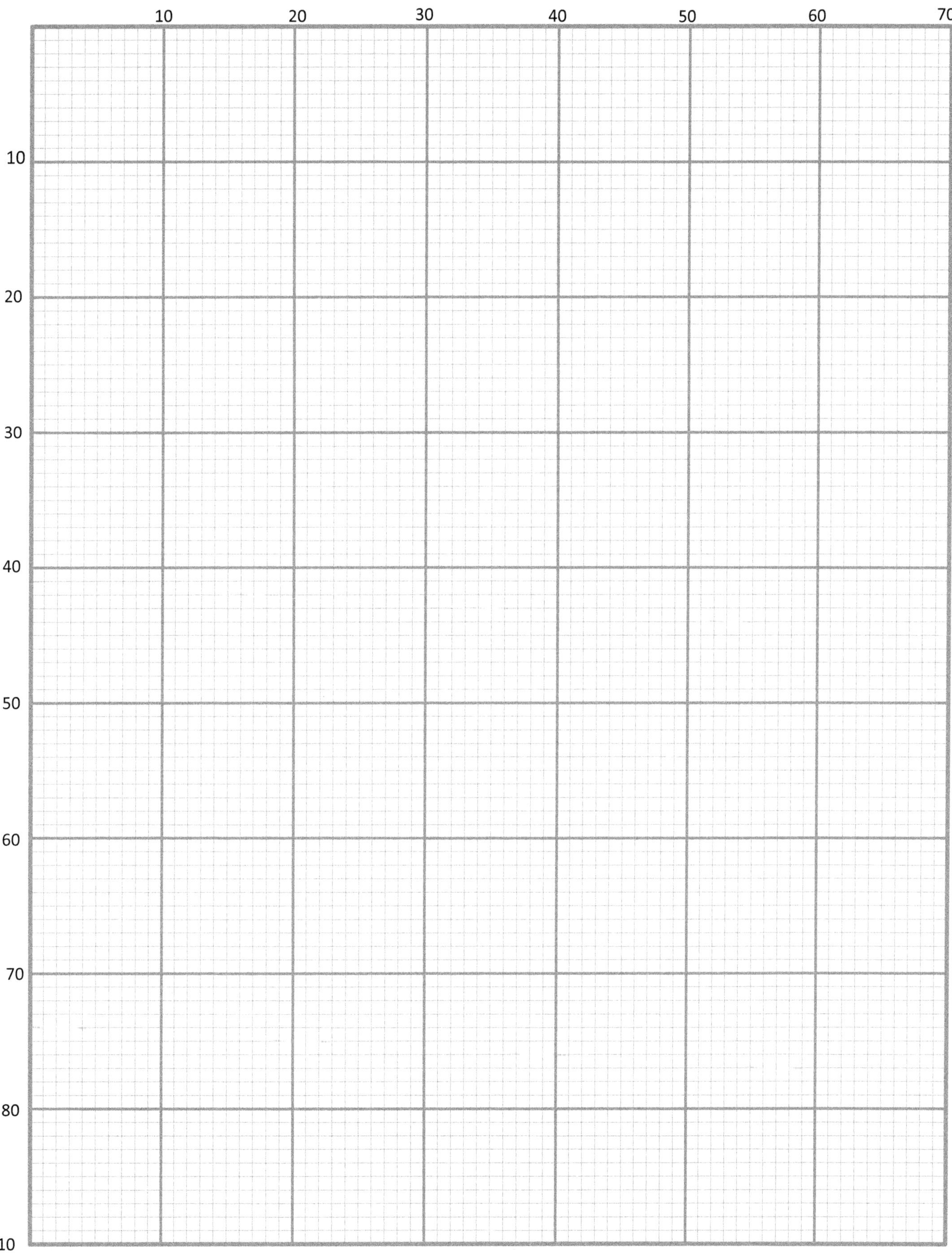

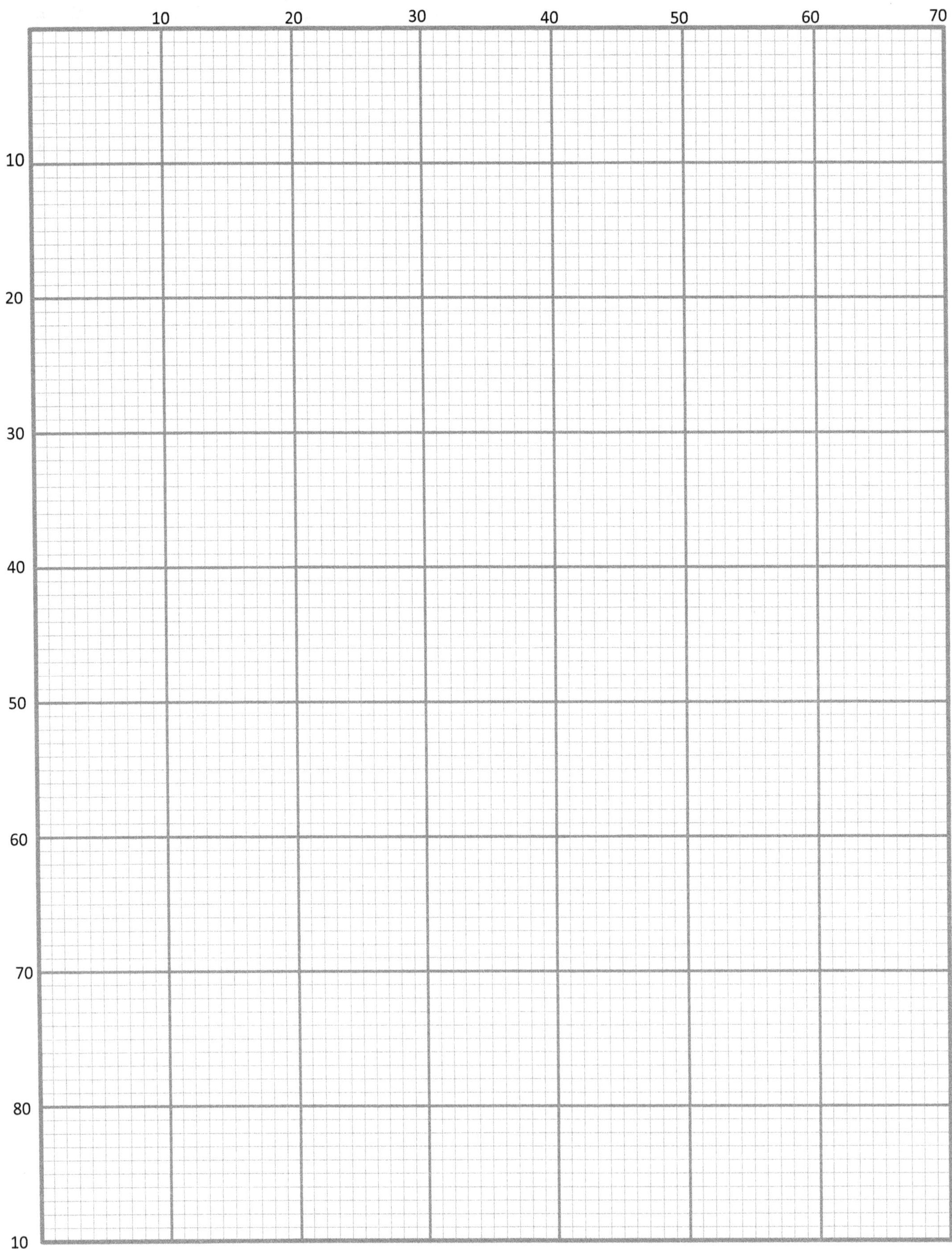

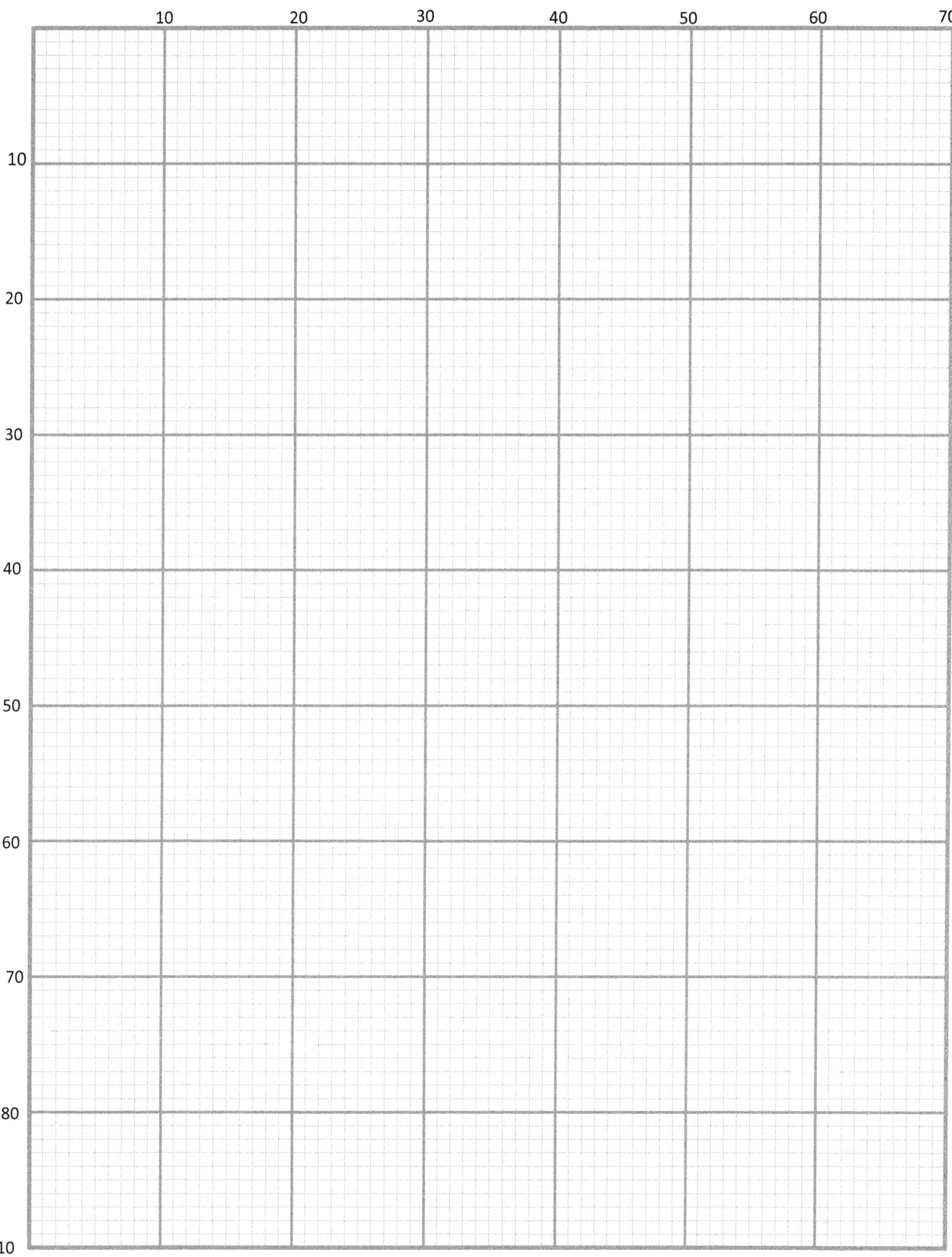

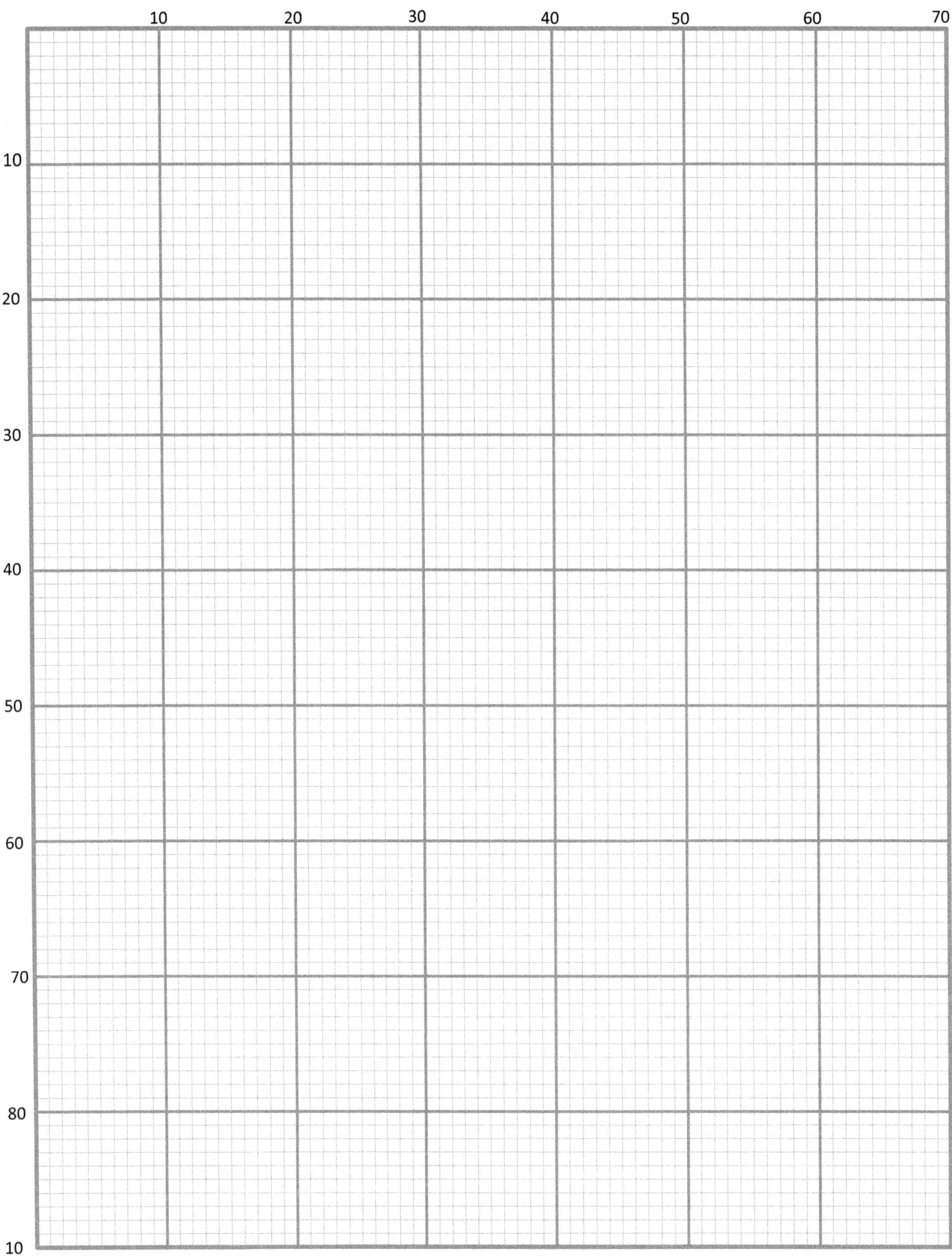

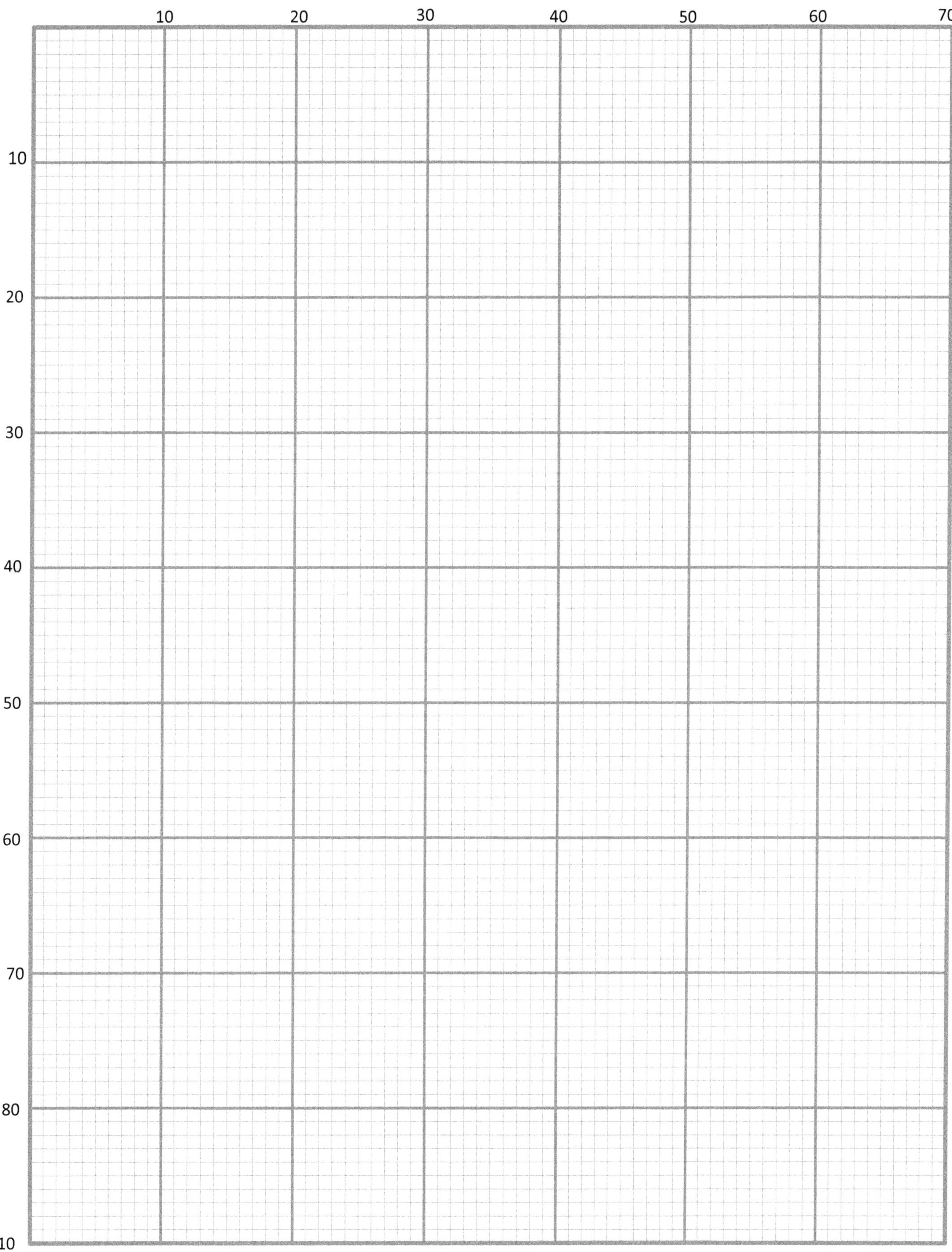

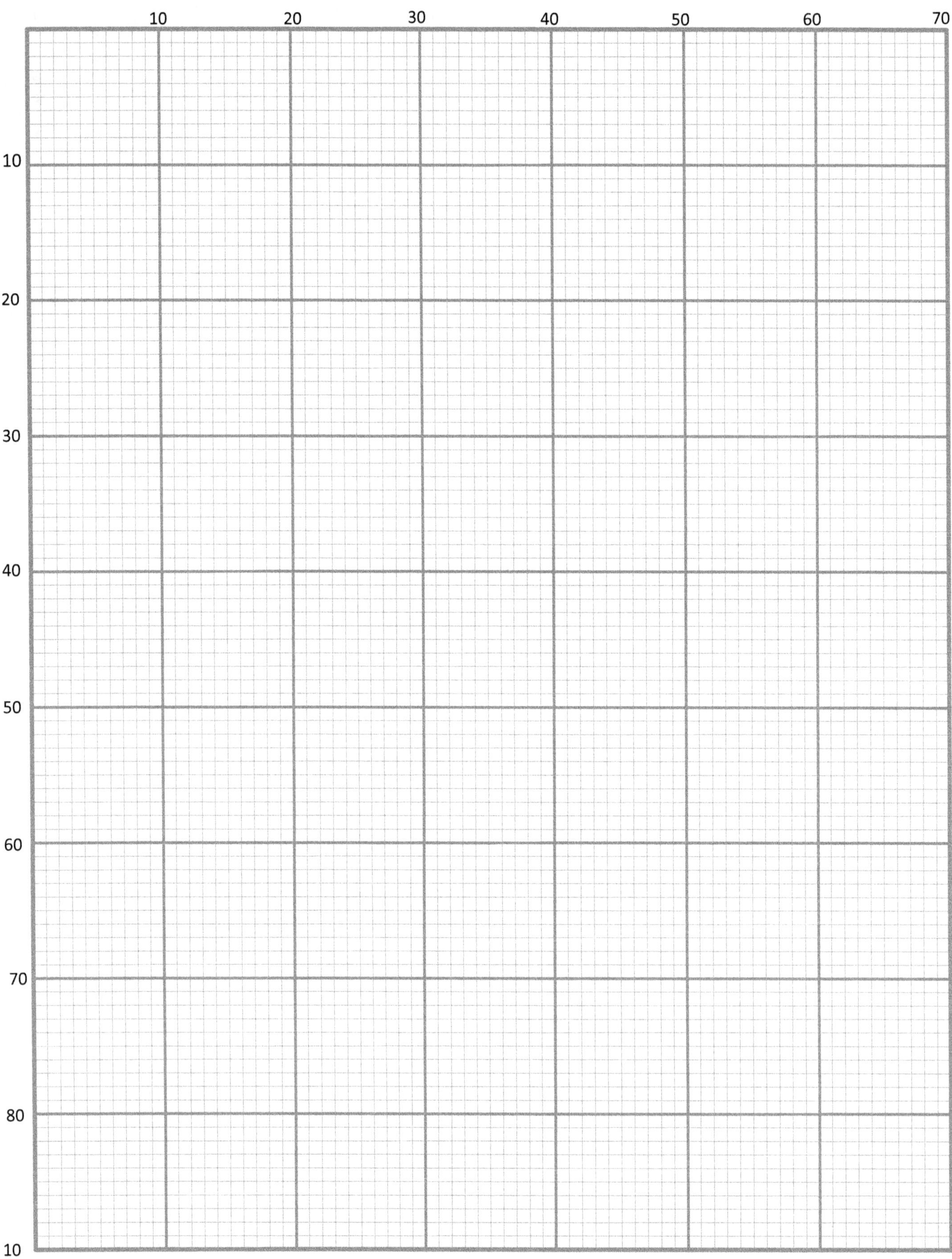

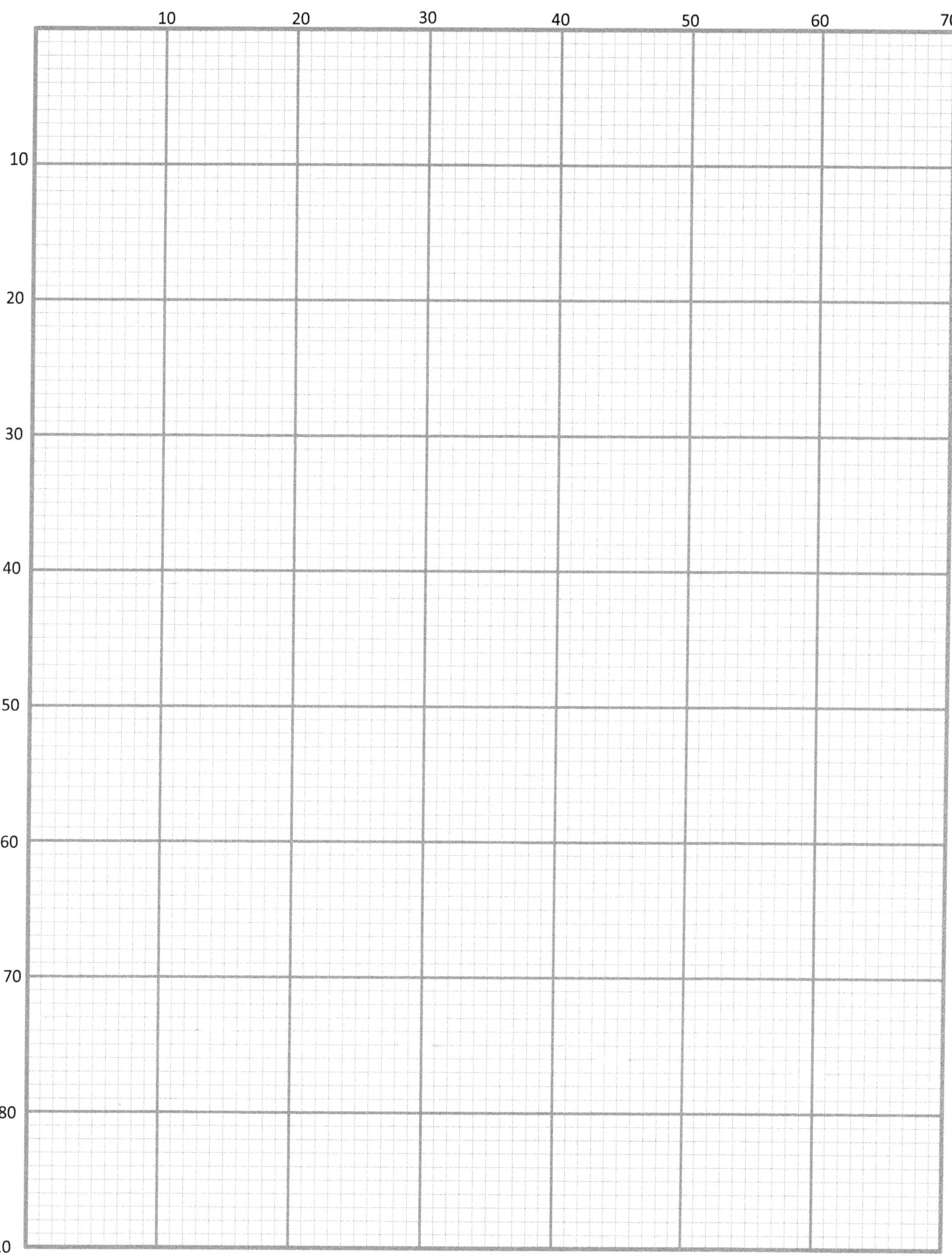

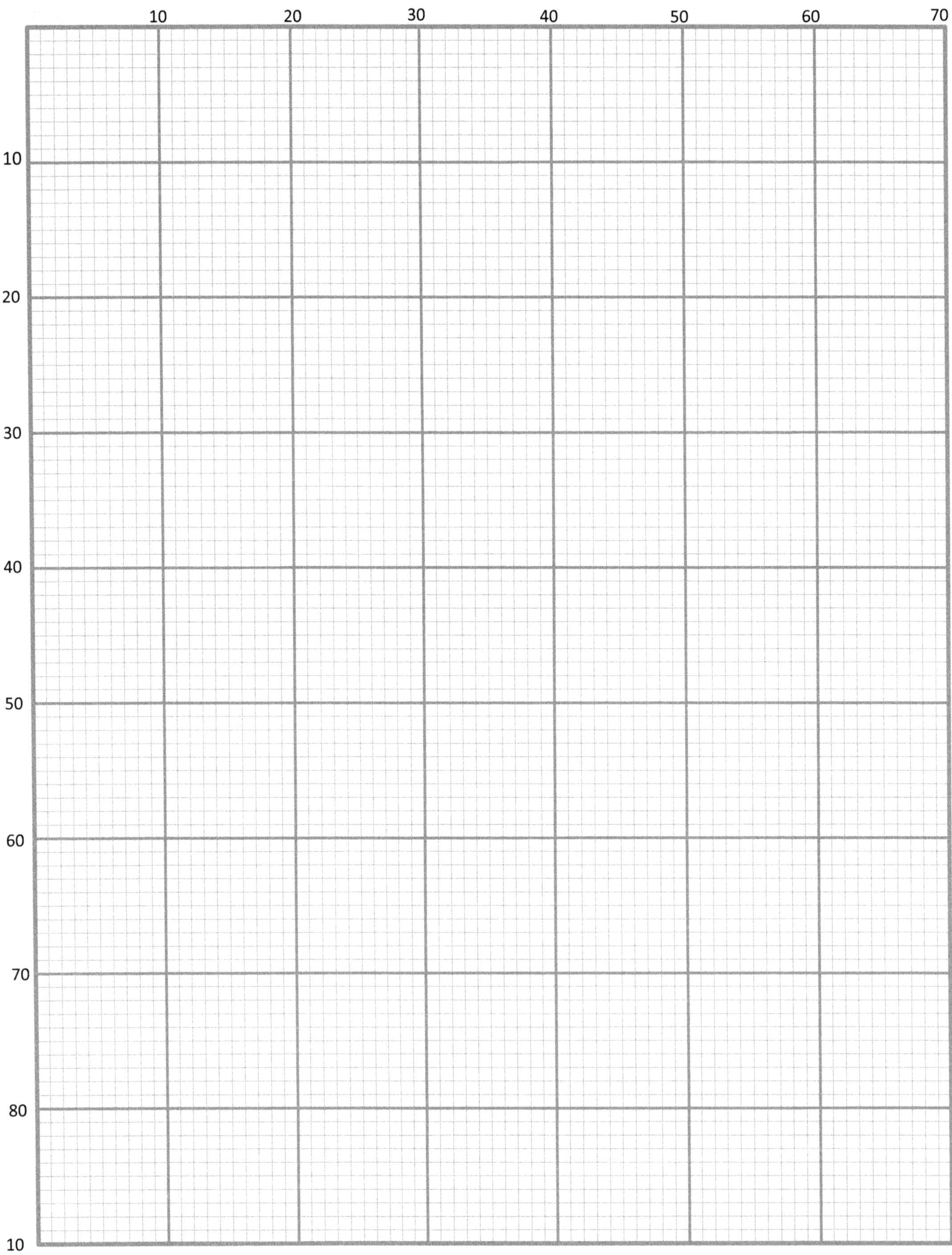

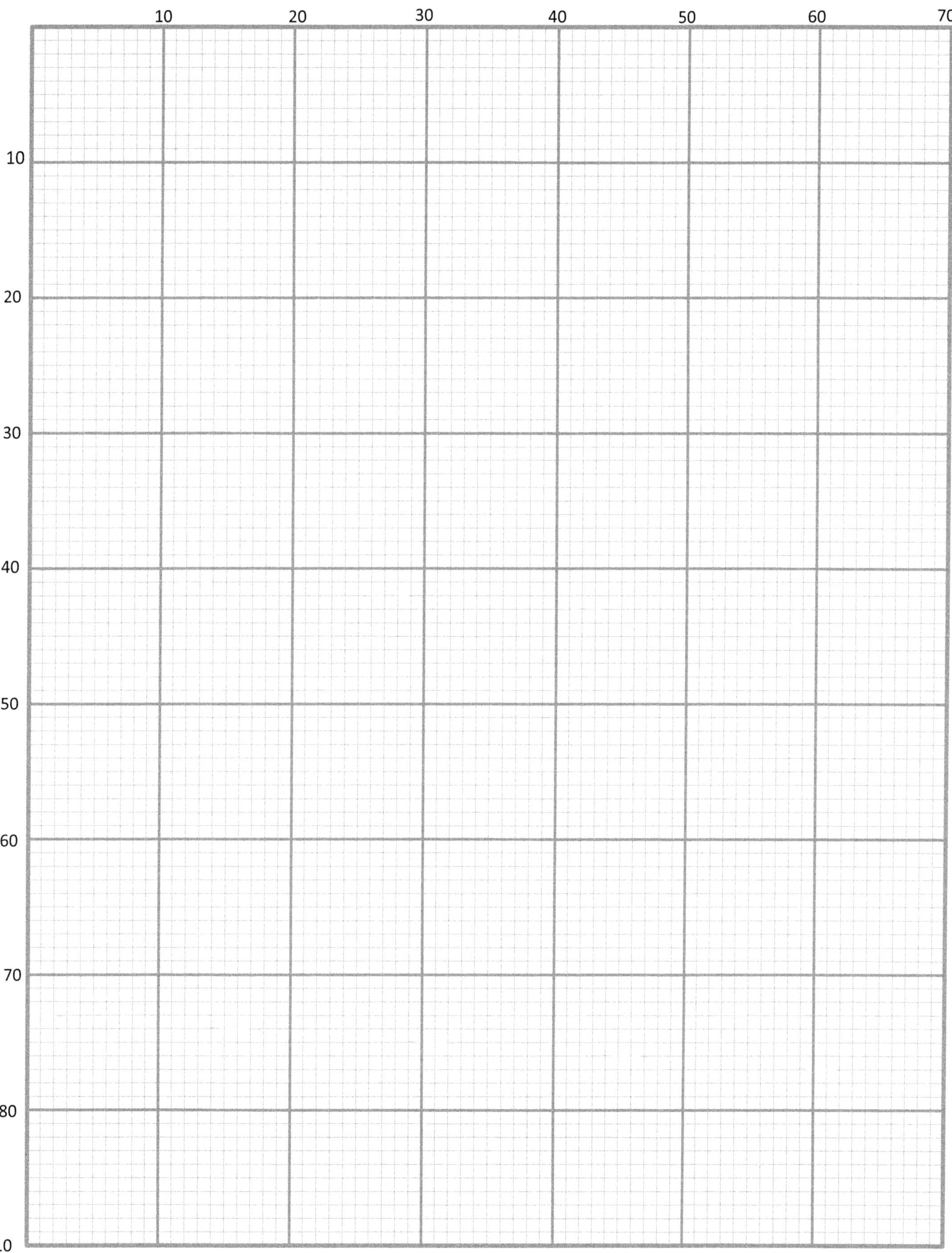

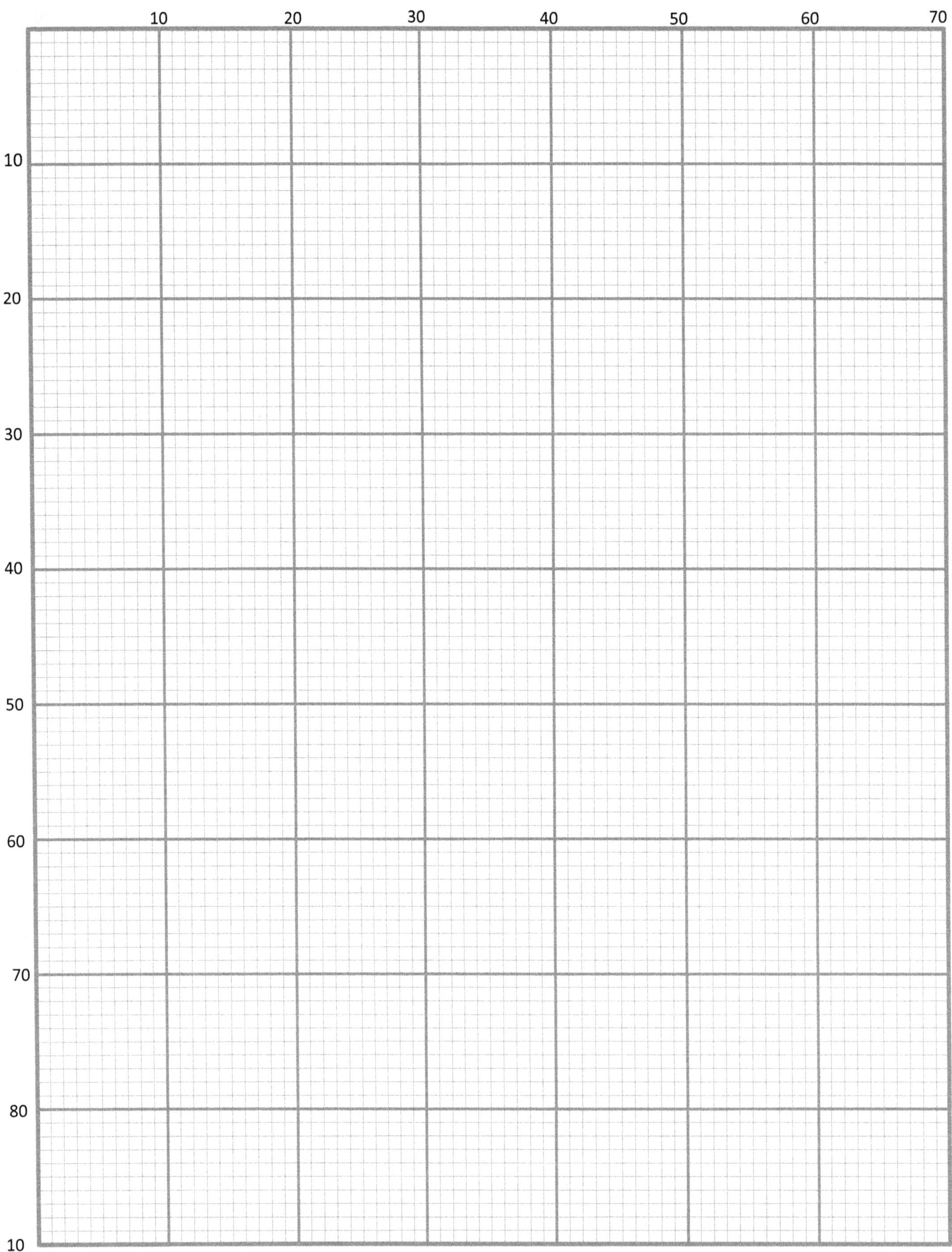

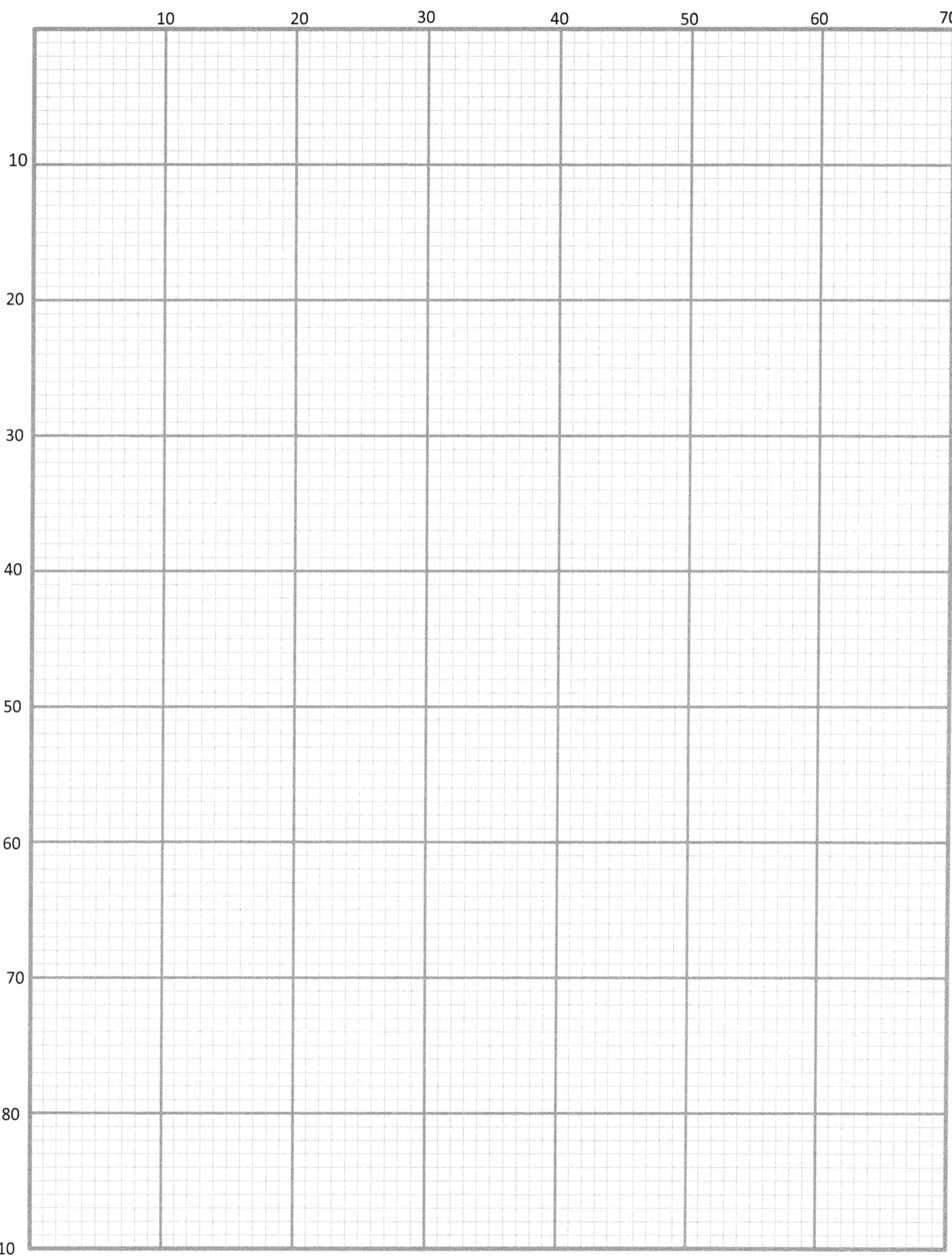

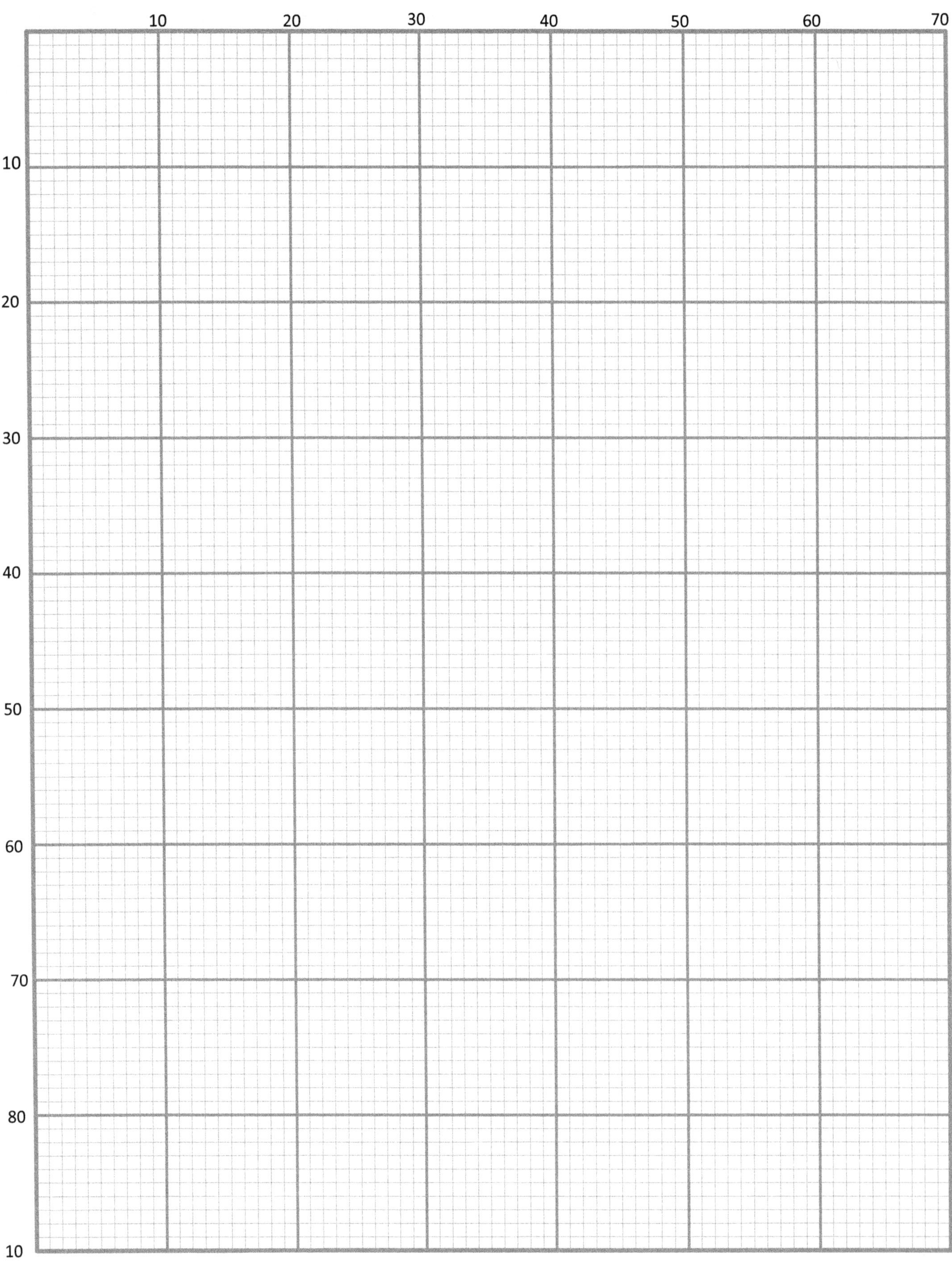

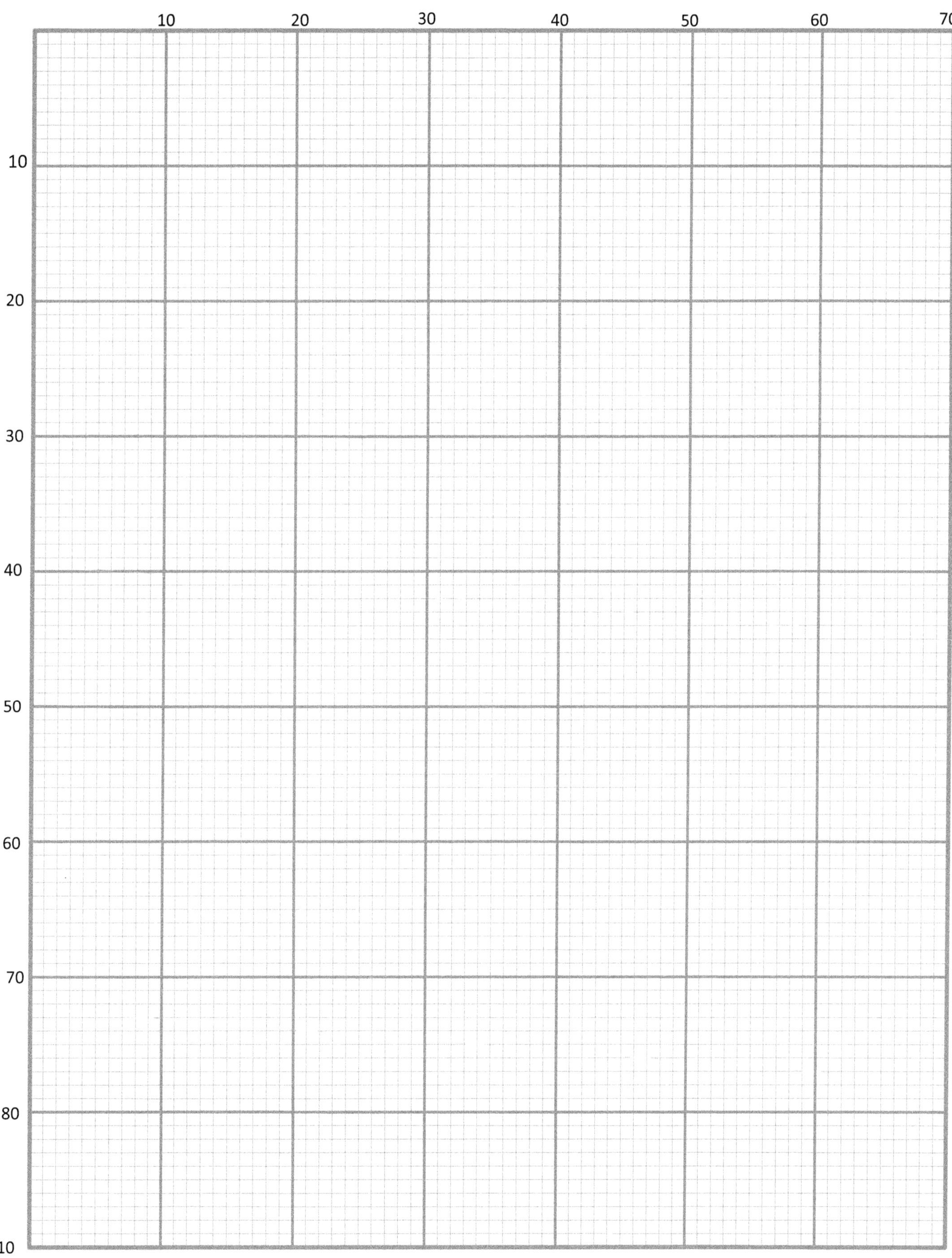

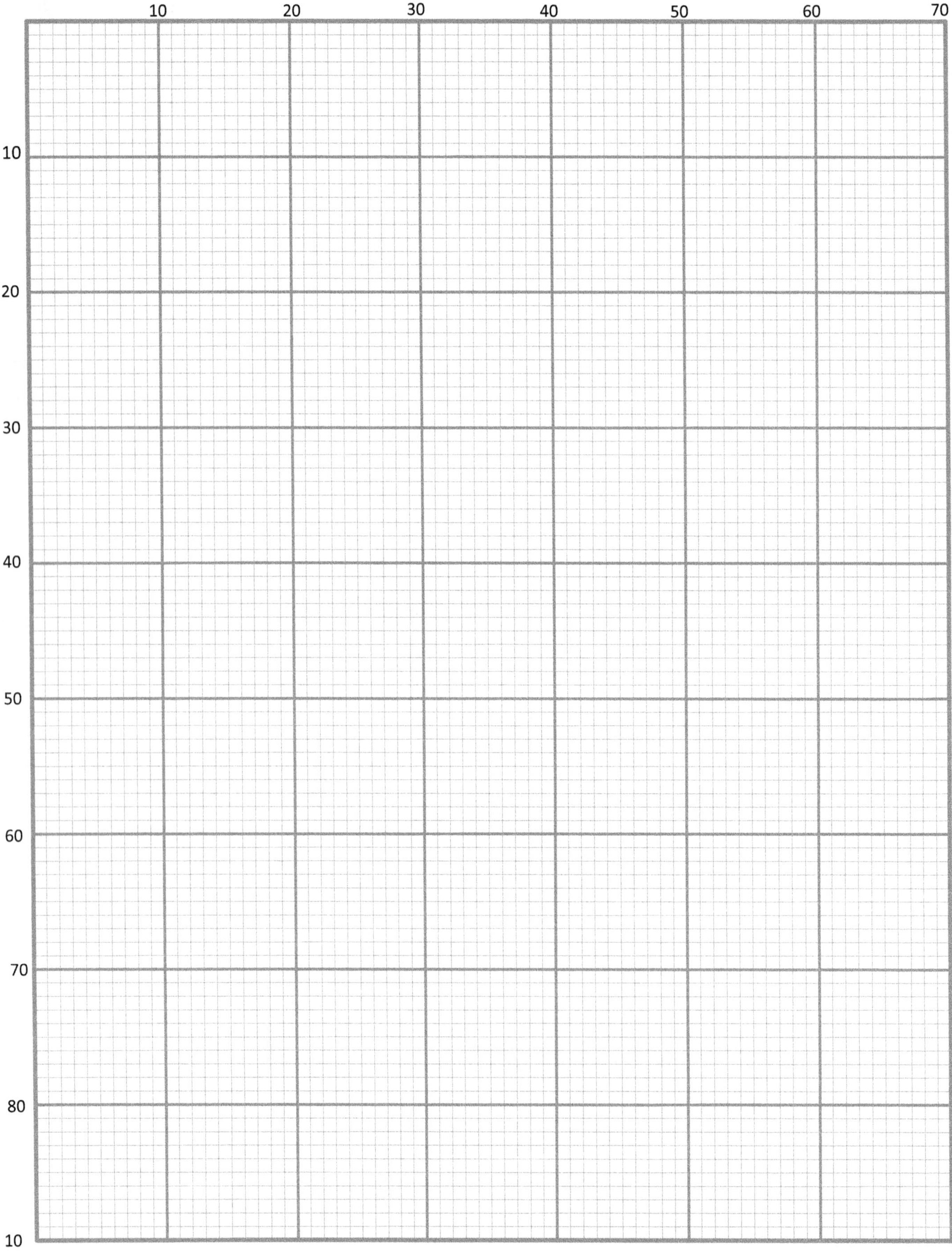